Tito R. Mukhopadhyay

Der Tag, an dem ich meine Stimme fand

Ein autistischer Junge erzählt

Deutsch von Sabine Schulte

Rowohlt Taschenbuch Verlag

Anmerkung

Um die Authentizität von Titos Aufzeichnungen zu wahren, wurde nur wenig in den Text eingegriffen. Änderungen wurden nur vorgenommen, um die Klarheit des Textes zu gewährleisten, und wo Informationen hinzugefügt wurden, stehen sie in eckigen Klammern.

Die Stimme der Stille hat Tito mit acht Jahren verfasst, und *Jenseits des Schweigens* schrieb er als Elfjähriger.
Tito ist im Juli 2004 sechzehn Jahre alt geworden.

Die Originalausgabe erschien 2000 unter dem Titel *Beyond the Silence* bei The National Autistic Society, London, UK.

Deutsche Erstausgabe
Veröffentlicht im Rowohlt Taschenbuch Verlag,
Reinbek bei Hamburg, März 2005
Copyright für die deutsche Ausgabe © 2005 Rowohlt Verlag GmbH,
Reinbek bei Hamburg
Copyright © 2000 The National Autistic Society, London
Umschlaggestaltung: ZERO Werbeagentur, München
(Foto: zefa)
Satz aus der Sabon PostScript, InDesign bei
Pinkuin Satz und Datentechnik, Berlin
Druck und Bindung Clausen & Bosse, Leck
Printed in Germany

ISBN 3 499 61933 4

Inhalt

Vorwort 7

Die Stimme der Stille 11

Jenseits des Schweigens 93

Der Bewusstseinsbaum 121

Zwischen Nirgendwo und Irgendwo – Gedichte 149

Vorwort

Im Dezember 1999 verbrachte Rajarshi Mukhopadhyay, Tito genannt, zusammen mit seiner Mutter Soma einen Tag im *Elliot House* (dem Zentrum für soziale und kommunikative Störungen, das von der *National Autistic Society* geleitet wird). Neben den Mitarbeitern von *Elliot House* war auch Dr. Beate Hermelin anwesend, die als Expertin und Wissenschaftlerin auf dem Gebiet des Autismus arbeitet, sowie ein Fernsehteam der BBC, das einen Beitrag über Tito drehte.
Bereits vor Titos Besuch hatte Richard Mills, der Direktor der *National Autistic Society*, der den Jungen und seine Familie in Indien kennen gelernt hatte, uns von ihm berichtet. Außerdem hatten wir einen Teil von Titos Aufzeichnungen gelesen. Wir waren fasziniert, aber auch skeptisch. Zweifellos besitzen manche Autisten eine oder mehrere bemerkenswerte Begabungen, die aus ihren sonstigen Fähigkeiten hervorstechen. Darunter fallen jedoch normalerweise visuell-räumliche Begabungen oder Gedächtnisleistungen, wie kalendarische Berechnungen, Rechnen, Zeichnen, Auswendiglernen von Fahrplänen und Ähnliches. Tito dagegen war offenbar in der Lage, lange Wörter in komplexen Sätzen anzuwenden und philosophische Gedanken über das Leben zu äußern. Bei einem Erwachsenen mit dem so genannten Asperger-Syndrom, das mit gutem sprachlichem Ausdruck und einem hohen Maß an allgemeinen Fähigkeiten einhergeht, wäre das nicht besonders überraschend gewesen. In Titos Fall aber war das Erstaunliche, dass der Junge mit seinen elf Jahren nur wenige

Laute hervorbringen konnte, die Wörtern nahe kamen. Er besaß zwar einige elementare praktische Fertigkeiten, war aber vollkommen auf seine Eltern angewiesen, insbesondere auf seine Mutter. In sozialen Situationen musste sie Tito ständig beaufsichtigen und lenken, damit sein Verhalten gesellschaftlich akzeptabel blieb. Mit Hilfe einer Buchstabentafel hatte sie ihrem Sohn Lesen und Schreiben beigebracht. Seit seinem sechsten Lebensjahr schreibt Tito selbst mit Bleistift. Zusätzlich zu diesem Buch hat er noch viele weitere verfasst, handschriftlich und häufig in Versform. In Interviews verwendet er gelegentlich eine Buchstabentafel. Er zeigt dann auf die einzelnen Buchstaben, während seine Mutter die Wörter, die er auf diese Weise buchstabiert, ausspricht. Die Familie spricht Bengali und Englisch, und Tito buchstabiert seine Wörter auf Englisch.

Als Tito in *Elliot House* eintraf, konnten wir die typischen Verhaltensweisen eines stummen Kindes mit klassischen Autismussymptomen an ihm beobachten. Er ignorierte Menschen, erforschte aber die Gegenstände, die seine Aufmerksamkeit weckten. Seine Mutter Soma beruhigte ihn und schrieb das Alphabet auf einen Bogen Papier. Wir stellten Fragen, und Tito deutete auf die Buchstaben, um seine Antworten zu buchstabieren. Das tat er eigenständig, ohne jede körperliche Unterstützung von Seiten seiner Mutter. Er beantwortete die Fragen in ganzen Sätzen, in denen er auch lange Wörter richtig verwendete. Außerdem teilte er uns spontan mit, diesmal handschriftlich, er wünsche sich, dass das Buch, das er geschrieben habe, veröffentlicht werde, und er bat uns um ein diesbezügliches Versprechen.

Frau Dr. Judith Gould forderte ihn auf, den *British Picture Vocabulary Scale* zu bearbeiten, einen Test, bei dem der

Proband die Bedeutung von einzelnen Wörtern oder Sätzen angibt, indem er bei jeder Aufgabe auf eines von vier Bildern zeigt. Tito erreichte in diesem Test das Niveau eines Neunzehnjährigen!

Der Kontrast zwischen dem typisch autistischen Verhalten, das Tito nach außen hin zeigt – einmal packte er meine Hand und benutzte sie als Werkzeug, um eine schwergängige Türklinke zu bewegen –, und dem differenzierten Sprachvermögen, das er mit Hilfe seiner Buchstabentafel zum Ausdruck bringt, war wirklich erstaunlich. Als er etwa zweieinhalb Jahre alt war, hatte Soma begonnen, ihn intensiv zu unterrichten. Sie benutzte dabei eine Technik, die vielen Eltern und Lehrern von autistischen Kindern vertraut ist: Sie bewegte seine Hände, Arme und Beine so, wie es für die einzelnen Aufgaben, auch für das Zeigen auf Buchstaben, notwendig war. Dadurch lernte er allmählich, seine eigenen Muskelbewegungen zu spüren. Tito hat uns selbst erzählt, dass er ohne diese Führung nicht in der Lage war, Bewegungen zu beginnen. Das scheint den Befürwortern der so genannten gestützten Kommunikation Recht zu geben, die der Meinung sind, dass alle Kinder mit autistischen Störungen, mögen sie auch noch so stark lernbehindert erscheinen, potenziell in der Lage sind, komplexe Gedanken zu verstehen und zu äußern, unter der Voraussetzung, dass man ihnen mit angemessener körperlicher Unterstützung hilft.

Es sollte betont werden, dass Tito bereits sehr früh deutliche Anzeichen für gute kognitive Fähigkeiten zeigte, denn er konnte Zahlen, Buchstaben und Formen erkennen und zuordnen. Das ermutigte seine Mutter, mit ihm zu arbeiten. Mit ungewöhnlicher Intelligenz, erstaunlichem Einfallsreichtum und großer Hingabe erreichte sie mit Tito verblüffende Resultate.

Bei Kindern, die keine Anzeichen für gute kognitive Fähigkeiten zeigen, ist es allerdings sehr unwahrscheinlich, dass sie vergleichbare Fortschritte machen – unabhängig davon, ob die gestützte Kommunikation oder eine andere Unterrichtsmethode angewendet wird. Die Tatsache, dass Tito schon mit sechs Jahren begann, für sich selbst zu schreiben, bestätigt, dass die Gedanken, die er äußert, seine eigenen sind.

Titos Aufzeichnungen sind für einen Menschen mit einer autistischen Störung insofern charakteristisch, als es darin nahezu ausschließlich um ihn selbst und um seine persönlichen Erfahrungen geht. Berücksichtigt man die physischen und psychischen Behinderungen, die er zu überwinden hat, dann ist diese intensive Beschäftigung mit der eigenen Person nicht sonderlich überraschend. Seine Texte schildern anschaulich, wie es ist, autistisch zu sein, und sie geben darüber hinaus seine Gedanken über den Sinn des Lebens wieder. Titos Aufzeichnungen sind eine unverzichtbare Lektüre für alle, die das Wesen des Autismus verstehen möchten.

Menschen mit autistischen Störungen können eine große Faszination ausüben. Gerade Kinder wie Tito, deren bemerkenswerte Fähigkeiten im Kontrast zu ihrer hochgradigen Behinderung stehen, wecken bei uns Staunen, Verwunderung und intellektuelle Neugier. Das sind nur einige der vielen Belohnungen für diejenigen, die auf diesem Gebiet arbeiten. Wir alle, die wir Tito und Soma an diesem unvergesslichen Tag kennen lernen durften, wünschen den beiden für die Zukunft alles erdenkliche Gute und die Verwirklichung ihrer Ziele.

Lorna Wing, Psychiaterin

Die Stimme der Stille

Männer und Frauen wundern sich über alles, was ich tue. Meinen Eltern und denen, die mich lieb haben, ist mein Verhalten peinlich, und sie machen sich deswegen Sorgen. Die Ärzte verwenden unterschiedliche Terminologien, um mich zu beschreiben. Ich staune bloß.
Die Gedanken sind zu groß, als dass meine Ausdrucksfähigkeit ihnen Gestalt geben könnte. Jede Bewegung, die ich mache, vermittelt, wie hilflos ich bin, wenn ich zeigen will, wie sehr ich mich im kontinuierlichen Strom der Ereignisse gefangen fühle. Die Ereignisse geschehen in solcher Weise, dass sie die Kontinuität von Ursache und Wirkung zeigen. Die Wirkung einer Ursache wird zur Ursache für eine weitere Wirkung. Und ich staune …
Es ist nicht allein Staunen, sondern auch ein Grund für meine Sorge. Ich denke über den kleinen Jungen nach, der sich auf eine bestimmte Weise ausdrückte, nicht durch Sprache, sondern durch frustrierte Wutausbrüche. Die Sprache war ihm zwar bekannt, aber sie hatte zu nichts Bezug.

*

Die Hand hatte eine merkwürdige Beziehung zu ihrem Schatten hergestellt, und der Junge ließ sie vor seinem Gesicht wedeln. So brachte er Stunden zu, zufrieden in der einsamen Gesellschaft seines Schattens. Und seine Sorgen verschwanden. Er schloss die Welt aus und fühlte sich im Zusammensein mit dem

Schatten geborgen. Könnte die Welt doch nur ein Spiel mit dem Schatten sein! Die Realität aber war, dass der Junge sich weiter und weiter in die Welt seines Schattens zurückzog.
Die Nächte waren schrecklich. Überall suchte er nach seinem Schatten. Er wedelte mit den Händen, um ihn zu rufen, aber da war nichts außer Dunkelheit. Verraten von dem Freund, weinte der Junge nach ihm.

Der nächste Freund war der Schoß seiner Mutter, voller Wärme und Bereitschaft. Es kam so weit, dass der Junge in Panik geriet, wenn jemand anders ihn auf den Arm nehmen wollte. Er weigerte sich, anderswo zu sein oder an Treffen mit anderen Leuten teilzunehmen. Sogar unbekannte Straßen, der Garten und neue Menschen machten ihm Angst. Mutter zwang ihn zu Begegnungen mit anderen, indem sie ihn in ihre Wohnungen mitnahm, und es wurde noch schlimmer. Der Schoß der Mutter durfte nicht verlassen werden. Jetzt weigerte der Junge sich zu laufen.
Die Wirkung einer kleinen Ursache – aber ein schlechtes Ergebnis einer guten Bemühung, wie ich jetzt erkenne.
«Mein Sohn hat erst mit fünf angefangen zu sprechen», beruhigte jemand seine Eltern. «Das Kind von meiner Nachbarin hat mit dreieinhalb angefangen», sagte eine andere Stimme. Ich schreibe ausdrücklich «Stimme», weil der Junge Stimmen erkannte, nicht Menschen. Die Beziehung zwischen Stimmen und Menschen wurde ihm später klar. Das ist eine interessante Geschichte.
Seine Mutter sang oft, und die Lieder gefielen ihm – Wörter in Melodie. Die Lieder wurden auswendig gelernt und immer und immer wieder wiederholt. Seine Wutausbrüche hörten auf, wenn er die Lieder vernahm. Seine Mutter war sehr er-

leichtert, als sie das entdeckte. Daher sah sie nicht voraus, dass ihre Gesangstherapie in der Öffentlichkeit nicht wirken würde. Inzwischen hatte er sich an ihre singende Stimme gewöhnt. Er bekam einen Wutanfall, wenn sie mit ihm oder mit jemand anders sprach.
Eines Tages fand der Junge heraus, dass das Lied zu hören war, wenn sich die Lippen seiner Mutter bewegten. Die Stimmen hatten also etwas mit Menschen und mit Lippen zu tun.
Das sah einfach aus. Danach stand er ein paar Tage lang vor einem Spiegel und suchte nach einer Methode, um seine Lippen zu bewegen – stumm flehte er sie an, sich zu bewegen. Aber sie flatterten und bewegten sich nicht so wie bei seiner Mutter. Sein Spiegelbild starrte ihn nur an. Das war ein furchtbarer Schlag. Wieder eine Frustration, und eine große Angst wuchs in dem Jungen. Er verweigerte alles, was zu «der Welt» gehörte. Er wartete darauf, dass etwas passierte, und fing an, über eine Lösung nachzudenken.
Mutter versuchte ihr Bestes. Sie trug ihn huckepack, tanzte durch die Wohnung, schnitt dabei komische Gesichter und sagte leichte Wörter wie: «Ma, Baba», in der Hoffnung, dass er sie nachsprechen würde. Auch sein Vater trug ihn und ging mit ihm die Straßen entlang, als er sich weigerte, selbst zu gehen. Ich kann mich nicht erinnern, warum der Junge nicht laufen wollte – wahrscheinlich aus Angst vor den weißen Schuhen, die Mutter ihm gekauft hatte, denn sie quietschten. Mutter hatte keine Schuld, denn sie wollte, dass sein Gang niedlich aussah und witzig klang. Aber der Junge hatte Angst, weil das Geräusch ihm immer folgte, wenn er ging. Doch das war nicht alles.
Vater musste ihn immer den gleichen Weg entlangtragen. Es war schon beängstigend, an neue Orte zu kommen und neue

Straßen zu sehen. Der Junge fühlte sich elend, wenn Vater anhielt und stehen blieb, um mit jemandem zu sprechen, während er ihn trug.

Ich denke an jene finsteren Tage, als der bloße Klang menschlicher Stimmen ihn schon ärgerte. Wutanfälle waren die Folge, und sie dauerten so lange, bis der Junge erschöpft war.

«Warum bringen Sie das Kind zum Weinen?», richtete sich eine Stimme an seinen Vater, den der plötzliche Ausbruch des Sohnes ebenfalls nervös gemacht und erschöpft hatte, der aber zu bescheiden war, um zu widersprechen. Er bemühte sich, schnell nach Hause zu gelangen. Mehrere Tage später entdeckte Mutter, dass der Junge immer dann Angst hatte, wenn sie eine neue Strecke ausprobierten.

Eines Tages war er verstört, weil er oben am Himmel ein anderes Wolkenmuster vorfand. Das war eine große Enttäuschung, denn er hatte sich den Himmel vom Vortag gemerkt.

Eine Welt voller Unwahrscheinlichkeiten, die auf das Ungewisse zurast.

Mutter schrieb sich für ein Pädagogikstudium ein, denn sie wollte Lehrerin werden. Es sollte zwei Jahre dauern. Die Aussicht, sich bei seinem Dadu und seiner Dia, dem Großvater und der Großmutter, aufzuhalten, machte den Jungen fröhlich. Es wäre eine glückliche Zeit bei den Großeltern geworden, wenn er nicht so viel Angst gehabt hätte. Nicht, dass die beiden ihn nicht lieb gehabt hätten, aber irgendwie spürte er, dass Mutter nicht willkommen war.

Dadu war ein Mensch, der immer die Stimme hob, wenn er mit Mutter sprach. Aber zu dem Jungen war er sehr nett. Dia verhielt sich Mutter gegenüber freundlich, beklagte sich allerdings darüber, wie müde die Küche und der Enkel sie machten.

Es war ein kurzer Aufenthalt von zehn Monaten bei den

Großeltern, und sie vermittelten die Botschaft: «Er hat eine schlechte Mutter.»

Sie war schlecht, weil sie studierte. Sie war schlecht, weil Dia müde wurde. Sie war schlecht, weil sie ihre Unterrichtsvorbereitungen machte, wenn sie eigentlich mit ihrem Sohn hätte spielen sollen. Sie war schlecht, weil die Verwandten dachten, verheiratete Frauen, die Mütter waren, dürften nicht studieren und damit ihre Kinder vernachlässigen. In einem Land, wo der Tod verehrt wird, wo das Opfer verehrt wird, wo man Ehrgeiz für den Schlüssel zu Habgier und Laster hält, war sie schlecht.

Er versuchte, seiner Mutter in Gedanken zur Seite zu stehen, denn sie war entschlossen, ihr Studium abzuschließen, und arbeitete sich mühsam hindurch. Sie ließ sich den Blinddarm herausnehmen, und dann begann seine endlose Reise zu den verschiedenen Ärzten!

Der erste Arzt, zu dem er kam, war ein Hals-Nasen-Ohren-Arzt, der eine Glocke läutete, um zu sehen, wie der Junge reagierte. Der Arzt klopfte auf seinen Tisch, beobachtete ihn und verschrieb ein Tonikum, ein Medikament namens Encephabol, das der Junge zwei Monate lang nahm.

Inzwischen hatte er eine Methode gefunden, wie er seinem Unbehagen, ausgelöst durch die fehlende Kommunikation, entkommen konnte. Er masturbierte an der Kante eines Bettes oder an einem Sofa.

«Versuchst du zu schwimmen?» Seine Mutter streckte die Arme nach ihrem Sohn aus und ermunterte ihn, indem sie bei jeder Bewegung «sehr gut» sagte. In der Hoffnung, dass er ihr das nachsprechen und so wenigstens etwas sagen würde.

Sie merkte nicht, was ihr Sohn da machte. Es dauerte ein paar

Wochen, bis sie es herausfand und Angst bekam. Ich erinnere mich noch an ihre Bemühungen, ihn abzulenken, indem sie ihm Bücher zum Anschauen gab.

Er wartete auf die nächste Gelegenheit und fing wieder damit an. Beim nächsten Mal war Mutter im College, und Dia war in der Küche. Eine Angewohnheit, die er unwiderstehlich fand, sodass er nicht davon ablassen konnte und später dafür bestraft wurde.

Doch ja, er fühlte sich schuldig und bemüht sich, an etwas anderes zu denken, wenn er in Versuchung kommt.

Ich denke an die Male, wenn er die Umgebung um sich herum mit Hilfe seiner Phantasie veränderte. Er konnte an Orte reisen, die nicht existierten, und sie waren wie schöne Träume.

In einem ging es um eine Treppe, die hoch hinaufführte, höher und immer höher, bis sie ankam – irgendwo. Aber die Enttäuschung war groß, wenn sie nirgendwo hinführte und der Junge wieder neu mit dem Treppensteigen beginnen musste.

Er hatte die merkwürdige Hoffnung, dass die Treppe ihn zu Gott führen würde. Grund für diese Vorstellung war wahrscheinlich, dass seine Dia eine sehr fromme Frau war und viel betete.

Die Obsession mit Treppen bestand sogar in der realen Welt weiter. Eines Tages entdeckte der Junge im Zimmer eines Arztes in Kalkutta eine Treppe. Er schob und zog seine Eltern zu ihr hin. Er verweigerte alles andere, sodass er den Leuten ringsherum auffiel. Die Eltern hatten Mühe, die forschenden Fragen zu beantworten. Man unternahm mehrere Versuche, ihn zu beruhigen, doch sie hatten keine Wirkung.

Ein Team von drei Ärzten untersuchte ihn und kam zu dem Schluss, dass er unter zerebraler Kinderlähmung litt.

Es gab noch einen anderen Tagtraum, der ihn beschäftigte. Darin saß ein Herr mittleren Alters neben ihm. Der Junge war sehr ärgerlich, als er feststellte, dass dieser Herr überall dort saß, wo er sich auch hinwandte. Er brauchte Jahre, um herauszufinden, dass niemand außer ihm diesen Mann sah.
Da war noch mehr, was den Jungen verwirrte. Auf einem Stuhl lag eine Wolke, und er fand es schwierig, sich auf diesen Stuhl zu setzen. Manchmal saß der schon erwähnte Herr auf dem Stuhl.
Ich dachte über seine Wahnbilder nach und fand eine befriedigende Erklärung. Wahrscheinlich hatte der Junge in irgendeiner Zeitschrift oder irgendwo im Fernsehen einen ähnlichen Menschen gesehen, und daher sah er ihn in seiner Phantasie jetzt überall.
Es ist wichtig zu erwähnen, dass es einen Zeitpunkt gab, da der Junge die Kontrolle über die Bilder verlor, die um ihn herum Gestalt annahmen. Er verlor sich in einer Situation, die unwirklich oder übernatürlich war. Die Stühle und Tische waren noch da, aber ein Buch oder eine Zeitschrift oder etwas zu essen sah der Junge an den Stellen, an denen diese Dinge irgendwann zuvor einmal gelegen hatten.
Ich kann die Vergangenheit sehen, dachte der Junge. Er begann, sich an jeden Anblick, jeden Klang und jeden Geruch zu erinnern – an alles, was um ihn herum passiert war, und er freute sich, als er herausfand, dass er das Geschehene immer wieder ablaufen lassen konnte. Ja, er konnte die vergangenen Ereignisse in seiner Umgebung tatsächlich «fühlen».
Ich kann in der Zeit reisen, zog der Junge seinen Schluss daraus.

*

Nichts in der Welt ist unveränderlich. Es tut sehr weh einzusehen, dass das, was wir am meisten lieben und als unser Eigentum betrachten, irgendwann aufgegeben werden muss und von der Zeit übernommen wird. Dann seufzen wir und sagen uns: Ach, das war einmal meins, und ich vermisse es immer noch. Ich frage mich, ob es mich auch vermisst!

Der Junge, jetzt zweieinhalb Jahre alt, war schockiert, als er hörte, dass sein Vater in ein neues Haus umziehen musste. Er versuchte, auf seine Weise zu zeigen, wie enttäuscht er war. Es tat weh.
Mutter versuchte, mit ihm zu üben, indem sie ihn mindestens einmal am Tag in das neue Haus mitnahm, weil der Junge sich an die Umgebung gewöhnen sollte, damit es ihm in dem Haus immer besser ginge. Aber der Junge weinte immer lauter. Der Kummer wurde zu Wut. Man erteilte den Eltern alle möglichen Ratschläge.
Manche Leute sagten, wenn Kinder weinten, würde ein Glas Wasser helfen. Andere rieten, den Jungen richtig zu ernähren. Auch ein homöopathisches Mittel wurde vorgeschlagen, das die Neigung zur Schwermut heilen sollte. Wieder andere gaben der «Grausamkeit» der Mutter die Schuld.

In dem neuen Haus zu sein war ein schreckliches Gefühl. Das Spielzeug sah so anders aus und so beängstigend, dass der Junge nicht mehr damit spielte. Wenn ein Gegenstand den Ort gewechselt hatte, konnte er ihn nicht wiedererkennen.
Das ist etwas, was ich ausführlich schildern möchte. Die Welt war für den Jungen sehr zerstückelt.
Als Erstes erkannte er die Orte, und dann konnte er die Gegenstände mit diesen Orten verbinden. Ein Bild von einem

Hund in einem Buch konnte er als Hund erkennen, aber einen Hund auf der Straße erkannte er nicht. Es dauerte Jahre, das zu überwinden, und erforderte viel Übung seinerseits und die Geduld seiner Mutter, die ihm immer wieder Fragen stellte, damit er Bilder von einem Hund oder einer Kuh mit den lebenden Tieren auf der Straße und im Zoo verglich. Ein Buch mit Tierbildern wurde ihr ständiger Begleiter, bis er das beherrschte.
Auch die Alphabete sahen in verschiedenen Büchern unterschiedlich aus. Die Gegenstände sahen an anderen Orten anders aus, und die Menschen sahen im wirklichen Leben auch anders aus als auf den Fotografien.
Manchmal beschweren seine Freunde sich, dass der Junge nicht reagiert, wenn er sie in der Öffentlichkeit oder auf dem Markt sieht. Das ist eine Sache, die sie sehr peinlich finden, und der Junge schämt sich dafür. Vielleicht würde es helfen, Fotografien der Freunde bei sich zu tragen, so ähnlich, wie er früher andere Bilder bei sich hatte.

Die Zeit wurde knapp, und die Eltern brachten den Jungen zu einem Sprachtherapeuten. Er war für den Umgang mit einem Jungen von zwei Jahren und elf Monaten ein bisschen ungeduldig und erklärte nach einer zehnminütigen Untersuchung, es tue ihm Leid, aber der Junge sei geistig zurückgeblieben.
Ich gehe in Gedanken immer noch zu diesem Moment zurück und stelle fest, dass er wie ein Blitz war, der in unsere Familie einschlug.
Die Mutter wankte ins Hotelzimmer zurück, nahm ihren Sohn in die Arme und weinte bitterlich. Der Junge war auch traurig, aber er konnte kein Gefühl des Schmerzes zeigen. Das ist ein großes Problem, das der Junge immer noch hat. Es

muss erwähnt werden, dass der Junge manchmal in traurigen Situationen gelacht hatte. Er fragte sich, warum er in einer solchen Situation nicht weinte.
Aber wenn er gesprochen hätte, hätte er etwas sehr Bewegendes dazu gesagt. Da war seine Mutter, die wegen einer sehr ungewissen Zukunft weinte, und da war der Junge, der vor Zufriedenheit mit den Händen vor dem Gesicht wedelte. Es war das letzte Mal, dass er seine Mutter so hilflos, so angstvoll, so niedergeschlagen erlebte.

Als Nächstes stellte der Junge fest, dass seine Mutter sehr religiös wurde. Sie fing an, alles zu glauben, was man ihr erzählte. Sie begann, freitags zu fasten. Außerdem fragte sie die Nachbarn und andere Leute, was sie tun solle.
Jemand schlug vor, sie solle den Jungen in einen Tempel bringen, den eine heilende Aura umgab. Andere rieten ihr, Mitglied in irgendeiner religiösen Organisation zu werden. Auch der Junge glaubte allmählich, dass eines Tages ein Wunder geschehen könnte, das ihn heilen würde.
Ein Herr empfahl Mutter, vor Sonnenaufgang Reis aus den Ähren zu schälen. Sie sollte die Reiskörner in ein Stück weißen Stoff wickeln und so auf die Straße legen, dabei aber aufpassen, dass niemand sie sah. Mutter brauchte die ganze Nacht, um die erforderliche Menge Reiskörner zu erhalten. Es war in einem Monsunmonat, und im strömendem Regen wurde das weiße Tuch auf die Straße gelegt – damit der Junge sprechen lerne.

«Wir wollen ihn in einer Schule anmelden», beschlossen die Eltern. «Da kommt er mit anderen Kinder zusammen und fängt an zu sprechen.»

Also ging der Junge zur Schule, die ein überfülltes Vorderzimmer in einem Privathaus war. Etwa fünfundzwanzig bis dreißig Kinder saßen auf einem Teppich auf dem Fußboden. Der Raum war dunkel, und die Wände waren dunkelgrün gestrichen. In den ersten zehn Tagen fand der Junge es sehr komisch, dort zu sein. Dann wurde ihm die Schule allmählich langweilig. Er versuchte zu zeigen, wie groß seine Abneigung dagegen war. Aber seine Mutter hatte Gründe für ihre Hartnäckigkeit. Der Junge jedoch war nicht weniger stur. Er schrie jeden Tag auf dem Schulweg und in der Schule, lauter und immer lauter.
«Nach ein paar Tagen hört das auf», dachten alle. Aber die Stimme des Jungen wurde jeden Tag durchdringender und raubte den anderen die Geduld.
«Tut mir Leid, er ist noch nicht schulreif», sagte die Lehrerin zur Mutter. Doch Mutter war noch nicht bereit, aufzugeben. Sie fragte, ob sie ihn in einem Monat noch einmal bringen könne. Aber die Lehrerin hatte genug von dem Jungen. Und auch der Junge hatte genug von der Schule.
Der Junge war so stur, wie seine Mutter verzweifelt und besorgt war. Sie trommelte Kinder aller Altersgruppen zusammen, damit sie in ihrem Haus spielten, denn sie hoffte, dass der Junge mitspielen und versuchen würde, mit den Kindern Kontakt aufzunehmen. Sie verteilte freigebig Süßigkeiten, um ihr Haus für die Kinder attraktiv zu machen.
Jeden Abend kamen sie zu ihm nach Hause und spielten, während der Junge versuchte, sich zu verstecken. Was für ein lärmender Haufen! Schon die Stimmen verstörten ihn. Er versuchte, die Geräusche auszublenden, indem er mit höherer Frequenz mit den Händen wedelte.

Jetzt bedauere ich, dass ihm diese großartige Gelegenheit entging! Aber es gab eine elementare Schwierigkeit, mit der der Junge zu kämpfen hatte. Ich habe bereits erwähnt, dass er überhaupt keine Kontrolle über seine «Visionen» hatte, und diese kamen immer dann, wenn er verstört war und mit einer Situation schlecht umgehen konnte.

Wenn jemand ihn gefragt hätte, was ein Spiel ist, und wenn er die Gabe der Rede besessen hätte, hätte er Spiel definiert als «kollektive Bemühung, einige Regeln zu befolgen und den Geist zu entspannen».

Das Spielen nachzuahmen war eine sehr schwere Aufgabe für ihn. Das war ein großer Nachteil. Der Junge fühlte sich daher unbehaglich und suchte Schutz in der irrealen Welt, wo die Treppe ihn immer höher führte, fort von den Stimmen, in die Stille.

Das einsame Selbst in der Menge. Eine Zufriedenheit, die nach Befreiung strebte – nach einem Zustand vollkommener Ruhe.

Für meine Leser, die sich fragen, warum ich den Jungen anfangs als «stur» bezeichnete und seine Sturheit später verteidigte, sage ich, dass es ihm schwer fiel, andere nachzuahmen.

Er galt als dickköpfig, weil man glaubte, seine Unfähigkeit zu spielen läge an seiner mangelnden Bereitschaft, mit anderen Kindern umzugehen. Auf diese Weise entstand die allgemeine Überzeugung, dass er stur sei.

In den Plauderstündchen der Damen wurden spezielle Theorien ausgebrütet, warum der Junge sich nicht so verhielt

wie andere Kinder. Sie zeigten mit den Fingern auf Mutter und ihren zehnmonatigen Collegekurs. Mutter konnte ihre Schuldgefühle nicht überwinden und trat nie zu ihrem Abschlussexamen an. Sie fühlt sich immer noch für die Störung des Jungen verantwortlich.
Es gibt immer Menschen, die gerne helfen. Die Mutter des Jungen wurde von einer Freundin unterstützt, von Mrs. Ray. «Bring ihn nach zehn zu mir. Dann kannst du deine Arbeit fertig machen.»
Abends nahmen die beiden den Jungen zu einem Spaziergang mit. Sie führten ihn durch die Straßen, vor denen der Junge sich fürchtete, und ignorierten seine Ausbrüche. Jetzt musste Mutter nicht mehr allein mit dem Kind zurechtkommen. Langsam gewann sie ihr Selbstvertrauen zurück – und damit ihren Mut, sich den Fragen und den ausgestreckten Zeigefingern zu stellen. Sie hatte tatsächlich eine Freundin! Eine großherzige Mrs. Ray.

*

Man dachte, ein Dreirad könnte eine große Hilfe für den Jungen sein. Er hatte ein sehr gutes Gefühl für Farben. Als das Dreirad ankam, reihte der Junge daher, um seine Bewunderung dafür zu zeigen, alle seine roten Spielsachen neben dem Dreirad auf. Es war rot. (Eine harte Zeit stand bevor!)
«Jetzt kann er auf der Straße fahren und seine Gewohnheiten vergessen», waren die Eltern sich einig. «Komm, Sohn, steig auf und fahr los.»
Der Junge setzte sich auf das Dreirad, während die Eltern abwechselnd von hinten schoben. Sie kicherten und zankten sich darum, wie lange jeder schieben sollte. Man hätte mei-

nen können, sie selbst hätten das Dreirad bekommen! Der Junge blieb passiv sitzen, ohne auch nur den Lenker anzufassen, sodass derjenige, der ihn gerade von hinten schob, auch den Lenker festhalten musste, damit das Dreirad geradeaus fuhr. Die Eltern wurden bald müde, und der Junge wartete darauf, dass er weitergeschoben wurde.

Nach ein paar Tagen forderte Mutter den Jungen auf, es mit den Pedalen zu probieren. Keine Reaktion. «Komm, mein Sohn, versuche, deine Beine zu bewegen», ermutigte sie ihn. «Ja, Sohn, tritt mit den Füßen auf die Pedale und fang mich!»

Leider muss ich erwähnen, dass der Ausdruck auf ihrem Gesicht, der so erwartungsvoll gewesen war, sich allmählich in Enttäuschung verwandelte, dann in Ärger und schließlich in Entschlossenheit.

«Komm, beweg dich, komm her zu mir, hier wartet eine Belohnung auf dich!»

Los, befahl der Junge schweigend seinen Beinen. Doch die Beine bewegten sich nicht, und Mutter und Sohn wurden besorgt und wütend.

Ja, sie waren beide frustriert. Mutter dachte, ihr Sohn wäre starrköpfig und wolle es nicht versuchen. Aber sie war fest entschlossen.

«Zerre den Hund am Ohr herbei, so lehrst du ihn zu bellen, wenn es an der Tür klingelt.»

Mutter nahm seine Füße, stellte sie auf die Pedale und zog an den Pedalen, dabei hockte sie sich hin und ging rückwärts. Sie beklagte sich und murrte, von diesem sehr speziellen «Spatzengang» in Rückwärtsrichtung würde sie einen krummen Rücken bekommen. Wenn sie erschöpft war, setzte sie den Jungen auf einen Stuhl und ließ ihn dort die Fahrbewegungen üben. Am Ende des Tages fuhr der Junge selbständig auf seinem Dreirad.

*

Menschen, Menschen ringsumher
Nicht einer passt zu mir
Ich suche nach einem Jemand
Doch wie ein Clown erscheine ich hier!

So verstand der dreieinhalbjährige Junge seine Situation. Er benahm sich so, dass er die Botschaft vermittelte: Bleib weg, nicht dein Typ!
Ich frage mich, wo die Leute ihre guten Manieren herbekommen. Wenn jemand auf den Jungen zugeht und fragt, wie es ihm geht, fühlt der Junge sich wohl, aber auch unwohl. Das Ergebnis dieser Gefühle ist, dass er wegläuft.
«Das ist unhöflich», erklären die, die ihm nahe stehen. Als er dreieinhalb Jahre alt war, gab es ein noch schlimmeres Schauspiel. Sein Dadu verstarb. Doch mehr als über den Toten sprachen die Leute, wie der Junge feststellte, über ihn selbst – einen Lebenden, über den man reden konnte.
Seine besorgte Mutter versuchte, ihn davon abzuhalten, auf das Bett hinaufzusteigen, auf dem der Leichnam lag. Sein Vater notierte die Adressen der verschiedenen Spezialisten, von denen die «Trauernden» sprachen. «Noch ist Zeit», mahnten sie den verwirrten Vater. Jetzt musste er entscheiden, wann der Junge wohin gebracht werden sollte. Er überlegte.
Der Junge überlegte auch: Warum drängen sich die Leute um das Bett? Lass mich hochklettern und nachsehen!
Je mehr man den Jungen bat, nicht auf das Bett hinaufzustei-

gen, desto hartnäckiger wurde er. Er versuchte herauszufinden, warum auf dem Bett und ringsherum Blumen und Girlanden lagen. Die Räucherstäbchen brannten und ließen das Bett wie verzaubert erscheinen.
Sie verehren ihn, dachte der Junge. Wenn ich da oben schlafe, verehren sie mich auch! Dann fragen sie nicht mehr, warum ich nicht spreche!
Damit war das erste Ziel geboren, nämlich auf dem mit Blumen geschmückten Bett zu liegen, umgeben von brennenden Räucherstäbchen.
Jemand sagte: «Er ist auf dem Weg zur ewigen Reise», und der Junge fragte sich, ob diese ewige Reise vielleicht wie das Treppenhaus war, in das er sich flüchtete, wenn er sich im endlosen Strom der Ereignisse gefangen fühlte.
Er musste die Antwort herausfinden. Die Kletterei begann.
Der Junge glaubte, wenn er das täte, würde er auch den Tod erlangen und genau so ein Bett bekommen. Eine Methode, um respektiert zu werden. Außerdem wären seine Eltern dann befreit.
«Bring ihn hier raus», bat jemand seine Mutter, die gegen die Versuche ihres Sohnes, auf dem Bett zu schlafen, ankämpfte.
Ein paar Leute dachten: «Der arme Junge, lass ihn doch bleiben. Er muss sehr an seinem Großvater gehangen haben.»
Der Junge dachte über seine verschiedenen Anhänglichkeiten nach, und ihm wurde klar, dass da nichts war. Alle Dinge, die er einmal geliebt hatte – seine alten Kleidungsstücke, das Haus und die Spielsachen –, waren Grund für den Kummer, den er jetzt hatte.
Sogar eine persönliche Sache wie der Körper wird sterben.
Ich bin der Mensch, dessen Körper die Freiheit gefangen hält, nach der ich suche, dachte der Junge.

Er hatte gesehen, wie bedeutsam der Tod für einen Menschen sein konnte. Der Tote wird ein Held, und man spricht über ihn. Der Junge beschloss, dafür zu arbeiten.
Jeder Versuch, Kontakt mit ihm aufzunehmen, stieß von da an auf totale Ablehnung. Ich erinnere mich, dass der Junge, als die Gäste noch im Haus waren, mitten in der Nacht erwachte und außer sich geriet, als er merkte, dass er noch lebte. Und statt auf einem Bett aus Blumen lag er im Gemeinschaftsbett auf dem hässlichen Fußboden. Wenigstens zehn bis zwölf Verwandte schliefen in dem großen Raum. Der Junge schrie und zerstörte den Frieden der Nacht. Damit weckte er das ganze Haus. Die Mutter wurde beschuldigt, dem Jungen nicht genug zu essen zu geben.
Ich kann mich noch an ihre verlegenen Entschuldigungen erinnern und daran, wie sie aus dem Zimmer eilte, hinaus in den Hof, und wie sie eine Melodie summte, um den Jungen zu beruhigen, allein und voller Furcht, einzuschlafen, denn dann konnte der Junge ja vielleicht wieder anfangen, die Gäste aufzuwecken.
Diese Frau, die so stolz auf sich war, war entschlossen, den anderen kein zweites Mal die Chance zu geben, sich stören zu lassen. Für den Rest der Nacht ging eine Mutter leise summend langsam auf und ab, mit ihrem Kind auf dem Arm.
Mit einem bitteren Schuldgefühl, weil er unfähig war zu sterben, gab der Junge die Hoffnung schließlich auf. Aber er weigerte sich, mit den anderen Leuten auf dem Fußboden zu schlafen. Sie dachten, der Junge hätte in der vergangenen Nacht geweint, weil er im Kinderbett schlafen wollte.
Die Veränderungen, die in seinen Gedanken vorgingen, nachdem sein Dadu verstorben war, waren von großer Bedeutung: Der Junge wollte einfach nichts mehr akzeptieren.

Seine Mutter hatte ihn früher schon gelehrt, sich zu Kinderreimen zu bewegen, was der Junge sehr gern tat. Wenn jemand sich wundert, dass ein stummer, dummer Junge überhaupt etwas lernen konnte, sage ich, dass jeder lernen kann, wenn er das Interesse hat. Je mehr Interesse da ist, desto schneller kann er lernen.

Mutter sang einfache Kinderlieder, und der Junge machte Bewegungen dazu. Sie wollte unbedingt zeigen, dass ihr Kind nicht zurückgeblieben war, bevor sie ihn zum nächsten Spezialisten brachte. Aber nach Dadus Tod verlor der Junge das Interesse an diesen Bewegungen.

Zu existieren erschien ihm absurd. Der Junge weigerte sich, die Existenz seines Körpers zu akzeptieren, und bildete sich ein, er wäre ein Geist.

Diese Vorstellung nahm Gestalt an und führte sein Bewusstsein in eine Phantasiewelt. Er brauchte sich bloß hineinzuwünschen, dann konnte er schon spüren, dass er dort war. Er glaubte, im Spiegel gäbe es eine Welt. Er fand die Bilder so real wie die Gegenstände ringsherum.

Ich bin ein Geist, der da hineingehen kann. Bestimmt ist die Welt da drin besser, dachte er. Er wollte um jeden Preis dorthin entfliehen, weil er so viel Kummer hatte. Indem er sich vorstellte, er sei ein Geist, konnte er dorthin gehen und die andere Welt spüren.

Diese Welt war so still, wie er es sich wünschte. Die Menschen darin waren nicht fähig, ihre Stimmen zu benutzen, aber sie verstanden sich gut. Die Kinder waren auch da. Aber sie dachten nur. Die Menschen besaßen eine Zufriedenheit abstrakter Art. Ihre Augen zeigten, was sie dachten. Sie spiegelten die Treppen wider, die der Junge sich vorstellte.

Das Spiegelreisen war eine wunderbare Methode, sich von

dem Lärm ringsherum zu befreien. Je öfter er es machte, desto besser fühlte er sich.

«Gott hat mich in Ihr Haus geschickt, um Ihren Sohn zu heilen.» Die Dame war entschlossen, etwas auszuprobieren, worüber Mutter dankbar und hocherfreut war. Die Dame wollte beten. Sie bat darum, den Puja-Raum gezeigt zu bekommen. Mutter nahm sie gern dorthin mit.
Der Junge hatte eine merkwürdige Art, auf fremde Gegenstände und Menschen zu reagieren. Er beschnupperte sie. Während die Dame – voller Hingabe – betete und Mutter beeindruckte, indem sie Tränen vergoss, ging der Junge zu ihr hin und schnupperte an ihr.
«Gott ist groß!», verkündete sie. «Er ist wirklich groß. Meine Gebete werden erhört. Sehen Sie doch, wie er zu mir gekommen ist!»
Mutter bot ihr Früchte und Süßigkeiten an, weil die Dame sagte, sie habe um ihres Sohnes willen gefastet. Vater kam von der Arbeit nach Hause, und die Dame huschte hinaus, versprach aber, am nächsten Tag wiederzukommen.
Liebe Leser, sicherlich möchten Sie wissen, welche Ereignisse darauf folgten. Einerseits wünschte meine Mutter, dass die Dame ihre Bet-Methode weiter anwendete. Schließlich war das Kind zu ihr gegangen und hatte sie geküsst. (Ihnen war nicht klar, dass der Junge in Wirklichkeit geschnuppert hatte.)
Vater war entschlossen, am nächsten Tag früher nach Hause zu kommen und der Dame zu sagen, sie solle ihre Zeit nicht weiter verschwenden. Mutter lebte in dieser Krisenzeit von Moment zu Moment. Sie ließ sich von jedem beeinflussen und war froh und dankbar, wenn jemand ihr Entscheidungen abnahm. Vaters Worte erschienen ihr vernünftig.

«Ich werde es ihr selbst sagen», beschloss sie. Das würde schwierig werden, aber der häusliche Friede war ihr wichtiger – besonders zu diesem Zeitpunkt. Ihre Stimme war voller Klugheit und Versprechen. Sie wollte nicht, dass Vater sich einmischte.
Die Dame war zweifellos sehr aufgebracht und kam am nächsten Tag wieder. Sie vergaß nicht, uns zu sagen, dass Gott der Mutter nie vergeben würde.
In der nächsten Woche wurde ein Termin bei einem Institut ausgemacht, das für seine guten Kinderpsychiater bekannt war. Es war Februar oder März 1992. Die Nachbarn feierten das Holi-Fest. Der Junge war nicht in der Stimmung, sich zu den anderen Kindern zu gesellen, die versucht hatten, ihn zum Spielen zu überreden. Er bemühte sich, ein Geist zu sein, ohne körperliche Existenz.

*

Das Reisen in der Gedankenwelt hatte zugenommen. Die Phantasien nahmen Form und Gestalt an, bis sein Selbst in jener Welt virtuell existierte.
Meine Leser sollten sich nicht von dem Gedanken verleiten lassen, der Junge habe das, was um ihn herum passierte, nicht wahrgenommen. Er war immer noch dankbar für eine beruhigende Stimme, und die Werbung im Fernsehen faszinierte ihn.
Er liebte die weißen Wolken am blauen Himmel, den Wind, der ihm die Papierfetzen aus der Hand wehte, das sanfte Licht der Abenddämmerung – und vieles mehr.
Die Hauptschwierigkeit war, dass der Junge die Kontrolle über seinen Körper verlor. Er leugnete seine Existenz so hef-

tig, dass er auf Situationen nicht so reagieren konnte, wie es nötig gewesen wäre.
Der Junge weinte weniger und ertrug es besser, wenn er Schmerzen hatte. Einmal äußerte seine Mutter seinem Vater gegenüber, sie frage sich, warum der Junge kein Theater mache, wenn er sich verletze, so wie die anderen Kinder.
Der Junge wunderte sich auch. Aber wie sollte ich Theater machen? Ich bin ein Geist, und kein Schmerz kann mich erreichen – ein freies Wesen, dachte er.
Seine Mutter hatte einmal tröstend seinen Kopf gehalten, obwohl der Junge sich den Ellbogen gestoßen hatte, denn der Junge war nicht in der Lage gewesen, auf die Stelle zu deuten, wo der Schmerz saß.
Der Junge ging mit zu dem Institut, und nachdem die klinische Psychologin ihn begutachtet hatte, sagte sie den Eltern, sie hätten einen AUTISTISCHEN Sohn.
«Das ist ein Zustand, in dem das Kind so in sich gekehrt ist, dass es nicht verstehen kann, was ringsherum vor sich geht.»
Aber ich verstehe es sehr gut, sagte der Geist im Jungen.
«Was sollen wir jetzt machen?», fragten die Eltern.
«Versuchen Sie, ihn ständig zu beschäftigen», meinte die Dame.
Die Aufgabe für diesen Monat bestand darin, dem Jungen etwas zu tun zu geben und ihn nicht allein zu lassen. Der nächste Termin wurde für drei Wochen später ausgemacht.
Die Eltern suchten in den Geschäften nach passendem Spielzeug, das den Jungen lange Zeit beschäftigen würde.
Es gab einen Satz von zehn Schüsseln, eine immer kleiner als die andere. Sie hatten fünf verschiedene Farben. Zwei Schüsseln hatten die gleiche Farbe. Der Junge sollte sie so ord-

nen, dass man daraus einen Turm bauen konnte. Die größte Schüssel musste ganz unten sein und der Rest der Größe nach darauf aufgebaut werden. Der Junge sollte auch die Schüsseln mit den gleichen Farben nebeneinander legen – Blau zu Blau und so weiter.

Er liebte dieses Spiel von Anfang an. Es war, als würde er seine eigene Treppe bauen. Die Farben waren so leuchtend und so hochinteressant, dass der Junge sich die langweilige Treppe nicht mehr vorzustellen brauchte. Die erste Motivation, die er je gehabt hatte!

Seine Mutter war so begeistert, dass sie ihre Kamera holte, sie machte Fotos von dem Jungen, wie er den Turm baute. Natürlich hatten sie noch einen langen Weg vor sich, aber die Tage würden bestimmt heller werden. Der Junge brauchte mehr Farben und Materialien, um Türme zu bauen. Offenbar wollte er sich wirklich mit so etwas beschäftigen!

Weitere Kästen mit Bausteinen wurden gekauft. Der Junge baute damit Türme und Treppen. Die Eltern spielten auch mit. Das war die Zeit, als der Junge ganz aufhörte, an die Treppe zu denken.

Am Ende der dritten Woche konnte er mit Bauklötzen, Formen und Puzzles mit bis zu acht Teilen umgehen. Er wurde zum zweiten Mal zu der Psychologin gebracht.

«Ich habe nicht erwartet, dass ein autistisches Kind sich so verbessern kann!», sagte die Dame beeindruckt. «Sein Fall ist nicht so ernst, wie ich gedacht hatte», erklärte sie.

Sie versicherte den Eltern, wenn das Kind in diesem Tempo lerne, bestehe die Chance, dass es zu noch viel mehr in der Lage sei.

Die Mutter war so erleichtert, dass ihr Sohn bald zu noch wünschenswerteren Tätigkeiten fähig sein würde, dass sie ein

spartanisches Leben begann. Sie stand morgens um vier auf, machte sich fertig und erledigte die Hälfte ihres Kochens, und dann bereitete sie ein Ziel für den Tag vor. Um sieben war der Junge auf. Nach dem Frühstück begann die Arbeit. Es gab keine Möglichkeit mehr für den Jungen, sich in seinen Gedanken zu verlieren.
«Heb das da auf!»
Wenn der Junge versuchte, wegzusehen, schlug sie ihn. Das ging tagelang so. Es funktionierte. Der Junge hörte ihr aufmerksamer zu, wenn sie sprach, und konnte ihre Befehle bald besser befolgen. Sein Vater konnte den Anblick nicht ertragen, aber er hatte großes Vertrauen zu seiner Frau. Daher ging er ohne Kommentar in ein anderes Zimmer.
Problematisch wurde es, als die Dia des Jungen einmal ihre Tochter besuchte. Der Junge versuchte wie üblich, so zu tun, als würde er nichts verstehen, und ignorierte seine Mutter, als sie ihn zu einer Handlung aufforderte. Mutter schlug ihn, was die Großmutter empörte. Sie fand, dass ihre Tochter eine höchst grausame Person sei, die es nicht verdiene, Mutter zu sein.
Der Junge musste zugeben, dass seine Mutter eine bemerkenswerte Widerstandskraft besaß. Sie konnte ihre Stimme sehr leise und ruhig halten, selbst wenn sie wütend wurde. Der Junge fühlte sich bei dem sanften Klang ihrer Stimme immer sicher. Sie ließ Dia den verbalen Streit gewinnen, tat aber ihre Arbeit.

«Warum guckst du den Kalender an?», fragte die Mutter.
Der Junge betrachtete mit Vorliebe die verschiedenen Kalender in den verschiedenen Räumen und erinnerte sich dann an die Zahlen. Er verglich sie auch miteinander. Er verbrachte

viel Zeit damit, die Zahlen anzuschauen. Er wollte wissen, was sie bedeuteten. Der Junge erkannte eine Art Muster darin. Er staunte, wie die Ziffern sich bogen und aufrichteten, sich einrollten und manchmal abbrachen!
Später erfuhr er, dass die gerade Linie die Nummer eins war, dass die abgebrochenen Linien die Zahlen vier und sieben darstellten und dass die eingerollte Ziffer die Nummer sechs war. Viele Male fragte der Junge sich, ob die Zahlen wie Bindfadenstücke waren, die sich aufrichteten oder sich einrollten. Er lachte über den Gedanken, während die anderen staunten.
«Wollen wir den Kalender ansehen?», fragte die Mutter den Jungen. Sie setzte ihn links von sich hin und las die Zahlen vor. Dann schrieb sie die Zahlen in kräftigen Farben auf ein gesondertes Blatt ab und ließ den Jungen die Formen vergleichen. Sie deutete auf eine Zahl, die sie geschrieben hatte, zum Beispiel auf die 14. Der Junge musste sie auf dem Kalender finden. Als Mutter zufrieden war, forderte sie ihn auf, ihr die Nummer 14 zu zeigen, ganz allein – wozu der Junge fähig war.
Überrascht und ermutigt fragte sie ihn nach all den anderen Zahlen, einer nach der anderen. Der Junge brannte darauf, sie ihr zu zeigen. Die Mutter freute sich so sehr über diese neue Fähigkeit ihres Sohnes, dass sie die Nachbarin rief, um ihr davon zu erzählen. «Er kann die Zahlen erkennen!», sagte sie zu der Dame, die sich überhaupt nicht dafür interessierte. Der Luftballon in der Mutter schrumpfte sofort zusammen. Die Leute interessieren sich viel lieber für das «Nichtkönnen» als für das «Können».
Es war der 10. April 1992. In der dreiköpfigen Familie wurde eine Art Fest gefeiert. Die Eltern fingen an, von den besseren Zeiten zu träumen, die vor ihnen lagen. Der Junge bildete im

Kopf Schlingen, Linien und Kreise, die man Sechsen, Einsen und Nullen nannte. Der Unterschied war, dass er jetzt wusste, wie sie hießen. Am nächsten Tag lernte er, die Zahlen bis hundert zu erkennen.

Der Junge war so interessiert, dass er bereit war, mehr zu lernen. Er war bereit für die neue Welt, die vor ihm lag. Die Puzzles und Spiele – Türme und Treppen bauen – waren auch noch zu erledigen.

Aber der Junge wartete darauf, dass er wieder Unterricht in den Zahlen bekam. Mutter wollte die Buchstaben auf die gleiche Weise ausprobieren. Wie üblich lernte er sie schnell.

Am Ende des Tages wusste der Junge, dass er ein wunderbares Gedächtnis besaß – etwas, worauf er stolz sein konnte.

Er überlegte sich, dass er wohl den Versuch machen könnte, ein Körper zu sein statt ein Geist. Aber das war keine leichte Arbeit.

Er hatte das Gefühl, dass sein Körper verstreut war, und es war schwierig, ihn einzusammeln. Der Junge sah sich selbst immer nur als eine Hand oder ein Bein und drehte sich, um seine Teile zu einem Ganzen zusammenzufügen.

Er drehte und drehte sich um sich selbst, weil er schneller sein wollte als der Ventilator. Auf diese Weise fühlte er sich auch so! Die Idee, sich zu drehen, hatte er vom Ventilator, denn er sah, dass die Flügel, die sonst getrennt waren, sich zu einem vollkommenen Kreis verbanden, wenn sie sich mit hohem Tempo drehten. Der Junge geriet in Ekstase, als er schneller und immer schneller rotierte. Wenn jemand versuchte, ihn anzuhalten, fühlte er sich wieder verstreut.

Es war sehr schwer, in einer neuen Umgebung zurechtzukommen, denn dann hatte er das Gefühl, dass er seinen Körper nicht finden konnte. Nur wenn er schnell rannte oder mit den Händen wedelte, konnte er seine Gegenwart empfinden.

Die Hilflosigkeit eines verstreuten Selbst sollte ihn noch jahrelang verspotten – selbst jetzt noch, beim Schreiben dieser Seiten.

Das ließ den Jungen als vollkommen absonderliche Persönlichkeit erscheinen, und statt Respekt für seine Fähigkeiten zu zeigen, schauten Fremde ihn bloß neugierig oder mitleidig an.

Doch ich war dabei, den ereignisreichen Monat April 1992 zu schildern, und dieses Thema sollte nicht durch die Beschreibung der Verrücktheit einer geistigen Wahnvorstellung unterbrochen werden.

Diese Woche brachte den Eltern einen Hoffnungsschimmer, und auch der Junge fand Interesse an der Kommunikation.

Am Ende der Woche konnte er nämlich nicht nur zählen und addieren, sondern auch lesen und buchstabieren, indem er auf die Tafel zeigte, auf die seine Mutter mit leuchtenden Farben das Alphabet geschrieben hatte.

«Es war einmal eine Krähe», begann Mutter ihre Geschichte. Sie zeichnete eine Krähe auf ein Blatt. Der Junge liebte Farben. Obwohl die Krähe schwarz war, ließen die Worte sie bunt und strahlend erscheinen. Mutter begann ihre erste Lektion mit der Geschichte über die «durstige Krähe». Es war eine gut geplante Lektion.

Der Junge konnte die Hitze der Mittagssonne und die trockene Landschaft tatsächlich fühlen. Die Krähe wurde zu seinem Lieblingsvogel. Schwarz wurde für eine Weile zu seiner Lieblingsfarbe. Er konnte fühlen, wie die anderen Farben in ihrer Vielfalt sich über die Dunkelheit des Schwarz lustig machten.

Der Junge sah die Dunkelheit der Nacht, die das Universum im Himmel enthüllte, während die Helligkeit des Tages den tatsächlichen Himmel mit seinen Farben überdeckte, sodass die Sterne nicht mehr zu sehen waren. Aber wiederum war er verwirrt. Wenn die Dunkelheit alles enthüllte, wie kam es dann, dass es ihm, wenn er in ein dunkles Zimmer ging, schwer fiel, die Gegenstände darin zu erkennen? Der Junge war verwirrt und suchte einen dunklen Winkel auf, um über Schwarz nachzudenken.

Doch keine Angst – ich werde meine Affinität zu Schwarz nicht weiter ausführen. Lassen wir sie in ihrer eigenen Dunkelheit begraben bleiben.

Wenn ich Ihnen sagen würde, dass der Junge für eine Weile das Leben für lebenswert hielt, weil er feststellte, dass alles ringsumher ein Leben hatte und ihm etwas beibringen konnte, dann – würden Sie diesen Gedanken verrückt finden. Aber als dieser Junge Interesse an den Wörtern und den Zahlen fand, dachte er sich Geschichten damit aus.

Die Zahl Eins zum Beispiel war sehr stolz, weil sie über allen Zahlen stand. Nummer zwei entgegnete ihr, wenn sie nicht aufpasse, könne sie ausrutschen und hinfallen, denn die Zwei besaß einen eingerollten Kopf, über den die Eins auf einem Bein balancieren musste. Als Antwort sagte die Eins: «Nur wer hart arbeitet, ist Nummer eins.»

Der Junge sah einen Stuhl als lebendige Dame, die bereit war, es den Müden bequem zu machen, und den Schrank als Menschen mit großem Mund, der alles verschluckte, was man ihm zu essen gab.

«Worüber lachst du so?», fragte Mutter. Der Junge lachte noch mehr, weil er sich vorstellte, wie die Buchstaben, die das Wort «Ziege» bildeten, miteinander diskutierten, wobei

jeder seinen eigenen phonetischen Laut von sich gab – und das Geräusch, das daraus entstand, klang ganz anders als das Wort «Ziege».
So erfand der Junge ein neues Spiel. Das Lesen hatte er bereits gelernt. Nun dachte er über verschiedene Wörter nach und ließ die Buchstaben miteinander diskutieren und sprechen. Dann versuchte er, das Geräusch, das sich daraus ergab, nachzuahmen.

Mutter achtete auf jedes Geräusch, das der Junge von sich gab, aber es waren nur verzerrte Laute. Die Spezialistin hatte sie gewarnt, dass Autisten die Neigung haben, Wörter hervorzubringen, die oft überhaupt keinen Sinn ergeben.
Der Junge erzeugte alle möglichen Laute – weil er sich vorstellte, die Buchstaben eines Wortes würden Gespräche miteinander führen.
Um das einzuschränken, gab Mutter ihm weitere Aufgaben. Zum Beispiel baute sie mit ihm zusammen Zickzacklinien oder brachte ihm etwas bei.
Ich weiß nichts über andere Fälle, die ein ähnliches Problem haben, aber ich möchte allen ihren Betreuern nahe legen, diese Menschen von dem sinnlosen Brabbeln abzuhalten, zu dem sie neigen, weil sie die Kontrolle darüber verlieren.
Stumm zu sein ist besser als Sprachverzerrung.

*

Unsere Instinkte reagieren sehr empfindlich auf Unterschiede, besonders, wenn damit ein anderes Verhalten verbunden ist. Manche Menschen interessierten sich für den Jungen, weil er sich so merkwürdig benahm, sie interessierten sich mehr

für sein «Nichtkönnen» als für seine Fähigkeiten. Ja, manche Leute sagten auch, sie seien beeindruckt. Aber es gab andere, die ein bisschen skeptisch fragten, wie es kam, dass ein Junge, der nicht sprechen konnte, in der Lage war zu rechnen und zu kommunizieren.
Der Junge staunte über die unterschiedlichen Gedanken der Leute und benahm sich entsprechend. Mit denen, die ihm etwas zutrauten, kommunizierte er gern, aber bei denen, die skeptisch waren, verweigerte er die Mitarbeit.
Ich schweife vielleicht von meinem Thema ab, liebe Leser, doch wenn ich in der Zeit zurückgehe, finde ich den Jungen im Sprechzimmer der Spezialistin, und dort beantwortet er die Fragen des Intelligenztests, indem er auf die Buchstabentafel zeigt. Er war stolz, als er die Bewunderung in ihrem Gesicht sah. Es war ein Vergnügen, als ein Junge erkannt zu werden, der intelligenter war als andere Jungen seines Alters. Aber, meine lieben Leser. Ich wiederhole noch einmal das Wort aber. Der Junge war immer noch ein intelligenter Schrotthaufen, der nicht auf nützliche Weise funktionierte.
Weitere drei Monate vergingen mit den Intelligenztests, dann wurde den Eltern klar, dass das Institut zu einer weiteren Verbesserung nichts mehr beizutragen hatte. Sie brachten den Jungen zu einem Kinderarzt, der seinen Kopf ausmaß und ihm ein Medikament verschrieb, eine Medizin gegen seine Hyperaktivität. Der Junge nahm die erste Dosis und fühlte sich betäubt. «Seine Augen sind bewegungslos und er geht nicht mehr richtig», sagte die erschrockene Mutter. Sie war laut, aber der Junge hörte ihre Stimme nur schwach. Er hörte auch andere Geräusche – schwach. Es war alarmierend, und der Junge fürchtete sich.
Die Eltern beschlossen, ihm die Medizin nicht weiter zu ge-

ben. Am Abend war die Benommenheit weg, und die Geräusche wurden wieder lauter.

Das Jahr 1992 ging zu Ende, und der Winter stand vor der Tür. Die Eltern fragten sich, wo sie den Jungen als Nächstes hinbringen sollten.

Sie beschlossen, ihn in ein Krankenhaus zu bringen, das einen sehr guten Ruf hatte – in das *Christian Medical College Hospital (CMCH)* in Vellore. Aber sie mussten mehrere Hürden überwinden, um die Erlaubnis dazu zu bekommen – sie brauchten Genehmigungen von den Leuten, die in der Firma seines Vaters für den medizinischen Bereich zuständig waren. Zufällig untersteht diese Firma der indischen Regierung und stellt den Angestellten alle Einrichtungen zur Verfügung. Sie hat auch ein kleines Krankenhaus mit einigen Betten, einer Hand voll Ärzte und vielen Vorschriften.

«Können Sie ihn behandeln?», fragte der Vater den Amtsarzt. Der Mann zögerte, den Jungen an das vorgeschlagene Krankenhaus (das *CMCH* in Vellore) zu überweisen, weil es nicht im Interesse der Firma war. Folglich überwies er den Fall des Jungen in ein anderes Krankenhaus in der Nähe (ins *Tata Main Hospital* in Jamshedpur).

«Keine Sorge. Ich helfe Ihnen, von da aus die Einweisung in das gewünschte Krankenhaus zu bekommen», sagte eine Dame, die mit einem einflussreichen Vorgesetzten in der Firma verheiratet war.

Die Ärzte dort waren selten pünktlich. Sie schufen eine besondere Aura von zum Herrschen geboren um sich herum. Vor jedem Zimmer warteten Leute, gelangweilt, aber geduldig. Der Junge war nicht geduldig. Er wanderte die Flure entlang, und dann mussten die Eltern ihn zurückziehen.

Nach langer Zeit erschienen die Ärzte der psychiatrischen Abteilung. Der Junge ging hinein, mit großen Hoffnungen, dass man seine Kommunikationsfertigkeiten und seine Rechenkünste loben würde. Aber das konnte die Ärzte nicht beeindrucken. Sie schickten den Fall weiter in die Röntgenabteilung.
«Warum können Sie ihn nicht in das Krankenhaus einweisen, in dem die Einrichtungen zur Verfügung stehen?», fragte der Vater ungeduldig. Aber die Ärzte erwiderten mit selbstbewusstem Gehabe: «Warum sollten wir das tun?» Die Mutter argumentierte: «Für Sie ist er bloß ein Fall, aber für uns ist er der Sohn.» Doch die Ärzte haben die Macht.
Die bereits erwähnte Dame beruhigte die Eltern, sie sollten geduldig bleiben. Sie würde mit einem hohen Angestellten am Krankenhaus sprechen und dafür sorgen, dass man den Fall weiterleite.

Patienten sind den Launen der Ärzte hilflos ausgeliefert. Die Computertomographie war unumgänglich, und die Eltern brachten den Jungen in die Röntgenabteilung. Die Eltern waren nicht gegen das Röntgen, aber sie wollten, dass es in dem besseren Krankenhaus durchgeführt wurde, das für seine erfahrenen Neurologen bekannt war.
Der Raum war groß und voller Apparate. Der Junge sollte sich auf ein schmales Bett legen, das sofort anfing, sich zu bewegen, als er lag. Er hatte große Angst, denn er merkte, dass er auf das runde Fenster zufuhr.
Das lasse ich nicht zu, entschied er und sprang von dem sich bewegenden Bett. Der Junge wurde im Raum herumgejagt und eingefangen. Er wurde wieder auf das Bett gelegt und von mindestens vier Leuten an Armen und Beinen festgehal-

ten. Aber sein Kopf schüttelte sich aus Protest. Der zuständige Arzt beschloss, ihn zu sedieren. Der Junge war wachsam. Er verstand, dass das eine Methode war, um ihn wieder in das runde Fenster hineinzuschieben.
Die Krankenschwester spritzte ihm eine Dosis Beruhigungsmittel, und man erwartete, dass der Junge einschlafen würde. Aber ich lasse nicht zu, dass ich einschlafe, damit ich nicht in das runde Fenster hineinkomme, entschied der Junge und kämpfte gegen seine Schläfrigkeit an. Seine Willenskraft war stärker als die Chemikalie, zumindest eine Stunde lang. Es gab noch weitere Fälle, um die man sich kümmern musste, daher bat der Arzt die Eltern, einen Termin an einem späteren Datum auszumachen. Auf dem Heimweg gab der Junge dem Beruhigungsmittel nach und schlief dann mehrere Stunden hintereinander. Da war kein rundes Fenster mehr, vor dem er Angst haben musste.
Die bereits erwähnte Dame stellte den Vater einem hohen Angestellten des Krankenhauses vor. Dieser erkannte, wie wichtig Zeit für die Eltern und für den Jungen war.
Daher überwies er den Jungen mit einem Federstrich an das andere Krankenhaus. Darauf hatten sie schon lange gewartet.

Gute Samariter gibt es zwar
Doch sie sind auf Erden rar.

*

«Heute erzählst du mir eine Geschichte», forderte die Mutter den Jungen auf, als er sich mit der Tafel hinsetzte, um zu kommunizieren. Der Junge hatte gerade einige von Äsops Fabeln gehört, und er erfand eine Geschichte über eine ungehorsame Ziege, die weit von zu Hause fortgelaufen war, sich auf dem Rückweg verirrte und schließlich von ihrer Mutter gesucht und gefunden wurde. Diese Geschichte war sein erster Versuch, seine Phantasien in Worte zu fassen. Die Mutter des Jungen war stolz und überrascht und fühlte sich ermutigt. Der Junge war auch glücklich, denn er merkte, dass er eine weitere Fähigkeit besaß, auf die er stolz sein konnte. Die Mutter las die Geschichte immer wieder, mit und ohne Publikum. Der Junge hörte das und dachte sich seine nächste Geschichte aus. Auf die gleiche Weise entstanden etwa fünfzehn weitere Geschichten.

Die Zugfahrt nach Südindien war lang und ereignisreich. Die Eltern hatten es schwer, mit den Gewohnheiten des Jungen klarzukommen, die dazu führten, dass er jedes Mal in Aufregung und Panik geriet, wenn ihm etwas ungewöhnlich erschien.
Zum Beispiel regte der Junge sich immer auf, wenn der Zug auf freier Strecke anhielt, und er bereitete den Leuten ringsherum großes Unbehagen, indem er laut weinte. Er regte sich auch jedes Mal auf, wenn er eine bestimmte Person sah, die an seinem Platz vorbeiging. Er bekam einen Wutanfall, als der Zug nach Vishakhapatnam die Richtung änderte. Er weinte vor Angst, weil er dachte, sie führen zurück.
Von den Leuten, die zum großen Teil selbst Patienten waren und das gleiche Ziel hatten, kamen neugierige Blicke und Vorschläge. Nach zwei langen Tagen erreichte der Zug den Bahnhof.
Das Krankenhaus war ein Ort der Hoffnung, denn die Patienten dort litten weniger, weil die Ärzte sich mit ihnen unterhielten und sich auf menschliche Art die Klagen jedes

Einzelnen anhörten. Die Patienten glaubten an die Ärzte und schauten zu ihnen auf, als kämen sie gleich nach Gott. Die Ärzte ließen die Patienten nicht warten und ihre Zeit verschwenden.

Der Junge wurde in die neurologische Abteilung gebracht. Die Ärzte waren von seinen Fähigkeiten überrascht.

Sie baten ihn, auf seine Körperteile zu zeigen, aber das konnte der Junge nicht. Nicht, dass er die Teile des menschlichen Körpers nicht gekannt hätte, aber er war nicht fähig, sie an sich selbst zu zeigen und zu erkennen. Auf Gegenstände zu zeigen war auch schwierig, denn er zeigte nur auf die Buchstaben auf der Tafel und konnte das Zeigen nicht auf andere Dinge übertragen. Daraufhin fragten die Ärzte andersherum. Sie berührten seine Beine und Hände und so weiter. Sie baten ihn, auf die Tafel zu zeigen. Das konnte er mühelos.

Am nächsten Tag wollten die Ärzte ein EEG und Röntgenaufnahmen machen. Der Junge kannte die Wörter schon und wusste, was ihm bevorstand. Auch hier gab es das runde Fenster! Aber er beschloss, sich zu wehren. Am nächsten Tag versuchte er, krank zu sein. Am Morgen erbrach er sich. Er war nervös und wollte nicht sediert werden.

Sein früheres Erlebnis mit der Sedierung war schlimm gewesen, und beim bloßen Gedanken daran wurde ihm übel. Aber er bekam die Spritze, kämpfte jedoch gegen seine Schläfrigkeit an. Der Arzt bat die Eltern, ihn wieder mit ins Hotel zu nehmen und ihn zurückzubringen, sobald er schliefe.

Der Junge hörte es, und er hörte es gut. Nach der Rückkehr ins Hotel schlief er. Sobald der Vater aber versuchte, ihn wieder ins Krankenhaus zu tragen, öffnete er die Augen, und der vorsichtige Vater legte ihn wieder ins Bett. Die Eltern versuchten es wieder und wieder und gaben schließlich auf. Sie

trugen den Jungen zum Arzt zurück. Er sollte entscheiden, was zu tun war.
Ich sollte klarstellen, dass das Sedativum ihn so betäubt hatte, dass er nicht in der Lage war, zu gehen oder auch nur den Kopf zu heben. Aber gelegentlich gab er ein gereiztes Stöhnen von sich, um zu beweisen, dass er keineswegs schlief. Außerdem fühlte er sich ohne Bett unbehaglich. Der Arzt beschloss, ihn langsam zu sedieren, und der Junge wurde auf die neurologische Station gebracht.

*

Der Aufenthalt in dem Dreibettzimmer auf der Station dauerte etwa eine Woche. Die Ärzte beobachteten den Jungen genau. Aber ihm gefiel das, denn er wurde wie ein Ehrengast behandelt. Außerdem brachten die Krankenschwestern ihm Spielzeug, mit dem er spielen konnte. Die Ärzte stellten ihm Fragen, und der Junge antwortete, indem er auf die Buchstabentafel zeigte. Er genoß seinen Aufenthalt dort sehr.
«Warum sprichst du nicht?», fragte ein Arzt. Der Junge zeigte auf der Buchstabentafel, das Sprechen mache ihm keinen Spaß. Manche Leute hielten das für die Ursache seines Schweigens, und der Junge dachte, es sei vielleicht tatsächlich ein Grund dafür.
Er fing an, an seinem Schweigen Vergnügen zu finden. Was für eine bessere Methode gab es, um so viel Aufmerksamkeit zu erhalten!
Aber allmählich begann er, die hohen Decken und die grünen Vorhänge der Krankenhausstation zu hassen. Ihm war schwindelig und übel. Das lag vielleicht an dem Beruhigungsmittel oder an dem ständigen Geruch nach Medizin im Kran-

kenhaus. Die Wände waren weiß, und Weiß blieb für den Jungen eine Farbe der Krankheit.

Die Ärzte hatten die zuständigen Schwestern angewiesen, ein EEG und Röntgenaufnahmen von ihm zu machen, sobald er eingeschlafen war.

Endlich, zur Erleichterung aller, schlief er, und er schlief und ließ die medizinischen Untersuchungen ihren Lauf nehmen.

Man behielt ihn noch ein paar Tage länger dort, weil er im Psychiatrischen Zentrum namens Bagayam einen Intelligenztest machen sollte. Er hatte Vertrauen zu sich selbst und erreichte eine sehr hohe Punktzahl. Er wurde stolz auf seinen wertlosen Wert.

War er nicht all diesen Männern und ihrem Berufsstand ein Rätsel? War er nicht ein weiser Stummer? Also verglich er sich mit einem gefüllten Gefäß, dass weniger laut klingt, denn er dachte an das Sprichwort «Ein leerer Kessel tönt laut».

Was in dem Bericht über die Röntgenaufnahmen und das EEG stand, interessiert mich hier am wenigsten. Aber für die besorgten Wohlmeinenden muss ich sagen, dass der Junge «normale»... irgendwas hatte. Er wurde von der neurologischen Station entlassen und in die psychiatrische Abteilung weitergeschickt.

Es gab eine Unterbrechung von einer Woche, und die Eltern fuhren zu Besuch zu einer Verwandten, die in Bangalore lebte, und besichtigten dann einen Teil von Südindien.

Dem Jungen schmeichelte es sehr, dass er solchen Eindruck gemacht hatte. Die Leute fragten sich, wie es kam, dass er diese Gaben besaß.

«Er ist eine große Seele», sagte jemand. Der Junge wunderte sich über die Größe, die er besaß, und setzte sich zum Ziel, noch größer zu werden. Er sprach über Weisheit, weil das

leicht war und ihn beliebt machte. Die Fragen spornten ihn an, zum Beispiel die Frage, ob Gott Realität sei. Selbstbewusst antwortete der Junge: «Alles, was wir durch unsere Sinne spüren, und auch das, was jenseits unserer Sinne existiert, die Einstellungen und das Bewusstsein, durch das wir unsere Anregungen empfangen, ist Gott.»
Jemand notierte sich das.
«Was ist der Himmel?», fragte jemand anders den Jungen, und er erklärte: «Der Himmel ist ein Zustand von höchster Freude und höchstem Glück.» Jemand schrieb es auf wie goldene Worte.
Der Junge wartete auf die nächste Frage, und er wartete ungeduldig. Die Ferien gingen zu Ende. Sie fuhren zum Krankenhaus zurück.

Am nächsten Tag wurde der Junge in die Psychiatrie aufgenommen.
Er hasste das Krankenhaus. Das Haus war zu offen. Offenheit verstörte ihn, denn er spürte, wie sein Körper verstreut wurde. Er konnte das nicht aushalten und bekam vor Angst Anfälle. Die Furcht vor offenen Räumen verstörte ihn und verfolgte ihn noch jahrelang. Trotzdem liebte der Junge die gelben Blüten, die von den großen Bäumen fielen und die Wege hell machten.
Er liebte Regeln. Auf der Straße zu gehen war leichter, als über die Felder zu gehen. Er hasste Orte, die voller Freiheit waren, und wurde hyperaktiv.
Je merkwürdiger der Junge sich benahm, desto mehr zweifelte der Psychiater an seiner Intelligenz. Es entstand der Verdacht, dass die Mutter versuchte, mit Tricks zu arbeiten. «Ich bin hergekommen, um Hilfe für meinen Sohn zu finden, aber nicht,

um Ihnen irgendwelche Zaubertricks vorzuführen», entgegnete die Mutter aufgebracht und besorgt. Sie machte sich wirklich Sorgen. «Ist das die richtige Klinik für seine Behandlung?», fragte sie ihren Mann, als sie sahen, wie ihr Sohn das Puzzle zusammensetzte. Der Junge hatte sich noch nie so unruhig gefühlt. Er versuchte, an die Treppe zu denken und an die wunderbare Welt der Stille, die er sich immer vorstellte. Aber er konnte sich nicht mehr so gut konzentrieren wie früher.

Das lag an dem Unterricht, der ihm eine neue Welt eröffnet hatte. Der Junge war frustriert, weil er seine Phantasie-Treppe nicht mehr hinaufsteigen konnte. Er wurde wütend auf seine Mutter, weil sie ihn unterrichtete. Wenn er versuchte, ein Glücksgefühl zu erzeugen, indem er sich etwas vorstellte, hinderte ihn oft sein Wissen über den Gegenstand daran, in die virtuelle Welt einzutauchen. Das irritierte ihn. Er konnte die virtuelle Welt nicht mehr so fühlen wie früher.

Zum Beispiel wollte er die Farben seiner Umgebung in Schwarz und dunkle Farbtöne verwandeln. Aber bald fielen ihm mindestens zehn Dinge ein, die Mutter ihn zu Schwarz gelehrt hatte, und sie hinderten ihn an seiner Vorstellung.

(1) Schwarz absorbiert das Licht.
(2) Schwarz ist ein guter Wärmeleiter.
(3) Die schwarze Haarfarbe kommt vom Melanin.
(4) Schwarzer Nachthimmel
(5) Ein schwarzes und ein weißes Schaf
(6) Schwarzes Loch des Kosmos
(7) Black Box vom Flugzeug
(8) Schwarzes Meer
(9) Schwarzer Neger
(10) Schwarze Baumwollerde

Weil diese Dinge ihn störten, konnte er keine Welt in Schwarz erschaffen.

Er gewöhnte sich an, ständig mit der Zunge zu schnalzen. Daraus schlossen die Ärzte, er habe «Autismus auf einem ‹gemäßigten Niveau›». Es habe keinen Sinn, ihn zu unterrichten, da er wohl nie schreiben lernen würde. Mutter war sehr aufgebracht. Aber wenn sie unter Stress steht, hat sie die glänzendsten Einfälle. «Not macht erfinderisch», sagte sie.

Sie schrieb alle Punkte auf, die ihn zu einem Autisten machten: Probleme mit dem Augenkontakt, die Unfähigkeit, auf Objekte zu zeigen. Der Junge führte jemanden an der Hand zu den Gegenständen hin, die er haben wollte. Er konnte keine Gesten einsetzen und seine Gefühle nicht ausdrücken. Er war hyperaktiv, konnte nicht nachahmen, und es gab noch viele weitere Nachteile, die dem Jungen die Bezeichnung «autistisch» eintrugen.

«Aber er kann auch eine Sprache, eigentlich sogar drei Sprachen», argumentierte die Mutter.

«Er kann nicht schreiben», versicherten die Ärzte.

Am nächsten Tag begann Mutter mit ihrer Aufgabe. Sie nahm die Hand des Jungen und vollführte damit eine zeigende Geste. Sie hatte ein paar Gegenstände, wie ein Buch, ein Glas, ein Hemd und andere alltägliche Dinge bereitgelegt. «Zeige mir die Gegenstände, die ich nenne, so, wie du es beim Alphabet machst», sagte sie.

Eine Schwierigkeit entstand, als der Gegenstand sich hinter dem Jungen befand, weil er sich nicht umdrehen konnte, um darauf zu zeigen. Jetzt war Mutter an der Reihe mit einem Wutausbruch!

Der Junge brauchte Zeit, um diese Fähigkeit zu erwerben.

Die Mutter sah ein, dass zu viel Druck auf dem Kind lastete. Die Wolke des Ungewissen näherte sich der Familie rasch. Mutter sagte, sie akzeptiere nicht, dass es keinen Sinn habe, den Jungen zu unterrichten, und sie sei sicher, dass er mit der richtigen Motivation auch schreiben lernen könne.
Auch Vater war niedergeschlagen. Alles, was die Ärzte ihm sagten, war entmutigend. Der Junge hatte seine Eltern noch nie so viel streiten sehen.
Aber die nächsten anderthalb Monate sollten sie zur Beschäftigungstherapie dort bleiben. Diese Therapie wurde von erwachsenen Psychiatriepatienten besucht. Der Raum war groß und hatte Stühle für große Männer und Frauen. Es muss erwähnt werden, dass der Junge nicht auf einem Stuhl sitzen konnte, wenn seine Beine ohne Bodenkontakt herunterbaumelten. Der Therapeut versuchte, ihn mit Gewalt hinzusetzen. Aber der Junge rannte einfach durch den Raum – um die Stühle und die langen Tische herum. Eine Sache interessierte ihn natürlich: das Kartenspiel, mit dem die Leute nachmittags spielten. Aber sie gaben ihm Perlen zum Auffädeln. Das war eine langweilige Zeitverschwendung für den Jungen.
Es gab eine Schule für geistig zurückgebliebene Kinder, die der Junge vormittags besuchte. Dort fand er interessante Puzzles und Spiele. Sie waren neu, weil die anderen Kinder nicht fähig waren, sie zu benutzen.
Den ganzen Nachmittag lang rannte er um die Tische im Therapieraum herum. Außer seiner Mutter versuchte niemand, ihn aufzuhalten. Sie machte sich wegen der zunehmenden Hyperaktivität des Jungen Sorgen. Ich muss sagen, dass der Junge sich ebenfalls unsicher fühlte und alle Tätigkeiten ablehnte, die er früher stolz vorgezeigt hatte. Er weigerte sich zu kommunizieren.

Schließlich betrachteten die Ärzte die Kommunikation mit der Buchstabentafel als ungültig, denn der Junge kommunizierte nicht mit anderen, wenn seine Mutter nicht die Tafel hielt. Das war ein großes und ernsthaftes Problem.
Sehr oft konnte man ihn nicht daran gewöhnen, dass jemand anders die Tafel hielt. Das Problem war, dass der Junge Zeit brauchte, um sich an die Person zu gewöhnen – an die Berührung und, was am wichtigsten war, an die Stimme. Das Problem mit der Stimme kam daher, dass verschiedene Leute die Wörter unterschiedlich aussprachen. Es konnte nur durch die allmähliche Gewöhnung an die Sprecher gelöst werden – und dadurch, dass der Junge darauf konditioniert wurde, fragenden Stimmen eine Antwort zu geben.

Meinen Lesern, die meine Theorien vielleicht satt haben und sich ungeduldig fragen: Und was passierte dann?, muss ich sagen, dass der Junge sich auch einer HNO-Untersuchung unterzog, woraufhin er ins *All India Institute of Speech and Hearing* geschickt wurde.
Der Fall des Jungen wurde im Institut aufgenommen. Weil er bei dem Hörtest nicht mitmachte, schickte man ihn zur Beurteilung in die Abteilung für Psychologie. Die beiden klinischen Psychologen, die ihn untersuchten, ignorierten die Tatsache, dass er kommunizieren konnte, indem er auf die Buchstaben zeigte und Wörter daraus bildete.
«Hat er schon mal einen Intelligenztest gemacht?», fragten sie die Eltern. Der Vater zeigte ihnen die Ergebnisse aus Vellore, wo der Junge die «Genie»-Einstufung 0 erhalten hatte.
«Das akzeptieren wir nicht. Hier kann das Testergebnis etwas anderes sagen!»
Die Eltern hielten das für Zeitverschwendung, weil die In-

telligenztests, die der Junge schon gemacht hatte, nichts mit seiner Sprache oder seinem Verhalten zu tun hatten.

Dann wurde der Junge Frau Dr. Prathibha Karanth vorgestellt. Nachdem er den Raum betreten hatte, war er eine Weile wie gebannt. Hinter dem Tisch saß eine lächelnde Dame, aber nicht mit dem üblichen Blick des allwissenden Arztes, den der Junge erwartet hatte. Und bald fand er noch etwas Anziehendes. Es war ein Tischkalender, auf dessen Blättern Zeichnungen von alten Gebäuden zu sehen waren. Der Kalender gefiel dem Jungen, er griff danach und hielt ihn fest. Mutter versuchte, ihn daran zu hindern, indem sie ihm den Kalender wieder aus der Hand nahm und ihn an seinen Platz zurückstellte.

«Lassen Sie ihn nur», sagte die Dame mit einem großzügigen Lächeln. «Aber fragen Sie ihn, warum ihm der Kalender so gut gefällt.»

Das verwirrte den Jungen. Warum gefällt er mir?, fragte er sich. Eine Frage von gänzlich neuer Art – niemand hatte ihn je etwas Ähnliches gefragt. Aber man erwartete eine Antwort von ihm. Also zeigte der Junge sie auf der Buchstabentafel: Mir gefällt der Farbkontrast. Das war keine ganz ehrliche Antwort. Aber so entging der Junge weiteren Fragen.

Tatsächlich hatte ihm bisher kein anderer Spezialist eine Frage gestellt, bei der er nach einer Antwort suchen musste. In den kommenden Monaten warteten noch mehr Fragen von Frau Dr. Karanth auf den Jungen.

Zwei Monate später sollte er wieder nach Mysore kommen. Die Unterbrechung von zwei Monaten war für den Jungen sehr wichtig, weil er schreiben lernte. Das war wieder eine andere Geschichte.

Wie ich schon erwähnt habe, betrachteten die Leute die Fähigkeiten des Jungen mit Skepsis, aber seine Mutter bestand darauf, ihn schreiben lernen zu lassen. Sie brachte ihm einen Bleistift und ein Blatt Papier. Sie zog eine Linie. Der Junge hielt den Bleistift mit Widerwillen. Jede neue Aktivität jagte ihm große Angst ein. Jedes Mal, wenn seine Mutter ihm den Bleistift gab, ließ er ihn wieder fallen, so locker war sein Griff.

Man kann das Pferd zum Wasser führen, aber nicht zum Trinken zwingen, sagt das englische Sprichwort. Doch Mutter war genau so stur wie der Junge. Sie band ihm den Bleistift mit einem Gummiband an der Hand fest, damit er ihn nicht abschütteln konnte. Sie ließ ihn auf dem gleichen Platz sitzen, bis er die Linien zog. Am Ende des Tages zog der Junge nicht nur horizontale Linien, sondern auch vertikale. Er bekam ein Heft, und bald füllte er es mit Linien. Aber es gab noch mehr zu tun.

Er musste Fortschritte machen. Er musste schreiben.

Als Nächstes klebte die Mutter Bilder aus Zeitschriften auf. Sie bestand darauf, dass der Junge erst auf die Buchstabentafel zeigte und Fragen beantwortete und dann die Antwort aufschrieb, indem er die Buchstaben, auf die er gezeigt hatte, abschrieb.

Das Problem wurde sichtbar. Er war nicht in der Lage abzuschreiben, und Mutter bekam einen Wutausbruch. Sie war nicht bereit aufzugeben.

«Lass mich deine Schulter halten, so wie ich es gemacht habe, als du mit dem Zeigen und dem Kommunizieren angefangen hast», sagte sie in dem Versuch, einen Weg zu finden. Diesmal fiel das Schreiben dem Jungen leicht, denn er konnte das Vorhandensein der Hand spüren, und nun war seine eigene Hand mit seinem Körper verbunden, am Schulterpunkt, wo seine Mutter ihn hielt.

Ich habe einen konkreten Beweis dafür, dass es für autistische

Menschen, wie den Jungen, zu Beginn einer neuen Aktivität wichtig ist, dass man sie an dem Körperteil hält, der die Arbeit durchführt, denn der Bezug dazu entwickelt sich nur langsam, durch Übung. Dann kann man nach und nach mit dem Halten aufhören, denn die Person gewöhnt sich an diese bestimmte Tätigkeit. Der Junge konnte seine Gedanken nur dann in Worte umsetzen und sie durch Zeigen oder Schreiben ausdrücken, wenn jemand ihn an der Schulter hielt.

Ende Juli fuhr er nach Mysore und fing an, sich der Sprachtherapie zu unterziehen. Frau Dr. Prathibha Karanth begann die Behandlung nicht als Ärztin, sondern als seine «Kaki», das bedeutet «Tante». Der Junge sollte eine besondere Person sein – ein fähiger Mensch und nicht eine als autistisch bezeichnete Person, bei der man bestimmte Verhaltensmuster erwartete.
Die Eltern waren nur allzu bereit, die Behandlung bei Frau Dr. Karanth auszuprobieren, denn sie schöpften viel Hoffnung.
Die ersten paar Tage vergingen mit Fragen und Antworten. Sie schrieb Fragen auf wie: «Warum sprichst du nicht?» Der Junge antwortete: «Das würdest du nicht verstehen.» Damit gab die Dame sich nicht zufrieden, und sie beharrte auf ihrer Frage, indem sie bemerkte: «Ich möchte es aber verstehen, wenn du es bitte besser erklären würdest.» Der Junge sagte: «Ich höre den Klang ‹om› so oft, dass andere Geräusche verloren gehen.»
Es war keine ganz unehrliche Antwort, weil der Junge sich einbildete, ein ständiges Summen zu hören, das ihn immer beschäftigt hielt, wenn er gerne abgeschaltet hätte. Aber die Antwort sollte auch Eindruck auf die Dame machen. Allerdings erwies sie sich als harte Nuss. Sie stellte weitere Fragen, sagte, sie sei Agnostikerin, und er müsse einen besseren Grund finden

als diesen. Welchen Grund konnte der Junge, der ja sprechen wollte, aber nicht wusste, wie man das macht, angeben?
Also schrieb er ihr auf: Als Autist habe ich das Recht, nicht sprechen zu können. Dann, um die Sache abzuschließen, legte er die Hand auf das Blatt und fuhr die Zeilen mit dem Finger nach.
Die Dame zeigte keine Ungeduld.

Einige Leute empfahlen der Mutter des Jungen eine «Heilige Frau», die alle heilte, auch Menschen, die die Ärzte nicht gesund machen konnten. Am kommenden Abend sollte der Bus dorthin losfahren. Wenn Mutter wollte, konnte sie mit den Pilgern gemeinsam fahren.
Sie wollte nur allzu gern und kaufte zwei Fahrkarten für die Pilgerreise zu der Heilerin. Man hoffte auf eine schnelle Lösung des großen Problems und erhielt die Segnungen der Frau. Doch sie kehrten ohne Lösung zurück. Der Junge wedelte weiter mit den Händen und blieb stumm. Zum fünften Mal versprach die Mutter, sich nicht mehr zu solchen Dingen hinreißen zu lassen. Natürlich hielt das Versprechen nicht lange, und zwei Wochen später besuchten sie einen Gottesmann. Wie stark ihr Glaube war! Immer wenn sie neue Hoffnung schöpfte, betete sie noch intensiver.
Der Junge fühlte sich sehr schuldig. Er verlor alle Hoffnung, wenn er sah, wie seine sonst so starke Mutter sich diesen Leuten anvertraute. Er wollte, dass sie furchtlos war, so wie sonst auch. Wenn sie zuversichtlich war, war er auch zuversichtlich.
Seine Kaki löste das Problem. Sie übte großen Einfluss auf seine Mutter aus. Eines Tages bat sie die Mutter, den Jungen einmal zu fragen: «Was hältst du von diesen Männern?» Der

Junge erwiderte, er glaube nicht an sie und sei jedes Mal enttäuscht, wenn sie wieder zurückkämen und er immer noch nicht sprechen könne.

Mutter verteidigte sich, indem sie sagte, manchmal gehe ihr die Geduld aus, und sie hoffe auf eine schnelle Lösung. Wenn sie die Gefühle des Jungen verletze, tue ihr das Leid. Aber sie habe es immer gut gemeint, und von nun an wolle sie nicht mehr zu diesen Leuten gehen, weil sie jetzt von den Gefühlen ihres Sohnes wisse. – Bisher hat sie ihr Wort gehalten.

Kaki arbeitete jeden Tag eine Stunde mit ihm, aber der Junge reagierte nur wenig auf ihre Bemühungen. Er beschäftigte sich damit, auf den Blättern, die sie ihm gab, seine Hände nachzuzeichnen. Doch er genoss ihre Gegenwart.

Die Therapeutin, die sich mit seiner Sprache beschäftigte, war Roopa Rao. Sie hatte ein schönes Gesicht und ein sehr herzliches Lächeln. Der Junge hatte ein wunderbares Gefühl, wenn sie neben ihm saß. Er begann, sehnsüchtig auf ihre Sitzungen zu warten. Es war eine vollkommen neue Erfahrung für ihn. Er hatte eine bemerkenswerte Fähigkeit, Verse zu dichten. Er schrieb für sie:

Still brannte sie im Herzen
Wo stille Gefühle lagen
Meine Liebe brannte mit so starker Glut
Den Grund dafür kann ich kaum sagen.

Mutter reagierte auf sehr gemischte Weise auf sein Gedicht. Sie war erstaunt und auch nervös. Sie war nicht bereit zu akzeptieren, dass ihr fünfjähriger Sohn Verse zu schreiben vermochte, um jemandem Komplimente zu machen.

Sie lief zu seiner Kaki, um sie davon zu informieren und sie zu fragen, ob sie den Jungen weiter ermutigen solle.
Kaki sagte, sie solle sich keine Sorgen machen, denn die Worte seien harmlos und verletzten niemanden. Am nächsten Tag schrieb der Junge ein weiteres Gedicht, das dem ersten ähnelte:

Meine Liebe gleicht einem tiefen Meer
Alle sehen nur das Blau.
Nur die, die davon wissen
Sehen es ganz genau.

Der Junge hatte ein Thema gefunden, über das er schreiben konnte. Er setzte sich zum Ziel, für Damen zu schreiben, weil sie seine Verse am meisten schätzten. Er wünschte sich, ihnen bewundernde Worte zu schenken. Er musste sie nur persönlich gestalten und den Zeilen äußerliche Schönheit verleihen.

Ich sah ihre Umrisse funkeln
Sie glühten wie die Nacht so dunkel
Doch als ich sie genau ansah
Stand mein eigener Schatten da

Sanft küsste Schönheit ihre Füße
Lachen erfüllte ihr Gesicht
Mein Herz, erwärmt von ihres Lächelns Süße
Stand in Flammen so licht.

Der zweimonatige Aufenthalt in Mysore endete mit einer Veränderung in der Sichtweise des Jungen. Allmählich fühlte er sich mehr geachtet und selbstsicherer. Er wollte sein Schreiben als Möglichkeit sehen, um Respekt zu erlangen. Er wollte mehr lernen. Seine Mutter las ihm die folgenden Bücher vor: *Der Zauberer von Oz*, *Der Glöckner von Notre Dame* und *Die Schatzinsel*.

In die Stadt zurückzukehren war für den Jungen nicht leicht. Er fühlte sich in der Stille des Hauses gefangen. Er fühlte sich unbeschäftigt und erfand ein paar Rituale. Zum Beispiel berührte er bestimmte Dinge auf besondere Weise, und wenn jemand ihn daran hinderte oder dabei unterbrach, regte er sich auf und wurde ärgerlich und dann zornig. Aus diesem Grund, nämlich wegen seiner Reizbarkeit, bekam er auch wieder Wutanfälle. Seine Fähigkeit, von den Treppen zu träumen, hatte er ganz und gar verloren, und er geriet in Panik. Auf der Straße wollte er die Hände seiner Eltern auf ganz bestimmte Weise halten. Ich kann mich nicht erinnern, warum das so war, aber er fühlte sich ohne die Rituale sehr unsicher, denn sie halfen ihm zu spüren, dass er existierte. Es erschien ihm unmöglich, damit aufzuhören.

Die Eltern beschlossen, nach Mysore zurückzukehren, weil die Situation außer Kontrolle geriet. Als sie zurückfuhren, hofften sie, mindestens vier Monate dort bleiben zu können. Der Vater wollte nach einer Woche wieder abfahren, und die Mutter des Jungen wollte bleiben.

Eine Familie, die sie bei ihrem vorigen Aufenthalt in Mysore kennen gelernt hatten, bot ihnen an, sie als zahlende Gäste aufzunehmen. Sie hießen Frau Dr. Mallika und Mr. Raghu. Sie waren von den Gedichten des Jungen so beeindruckt, dass sie anfangs gar kein Geld von den Gästen annehmen wollten, aber die Eltern bestanden darauf. Sie würden den Aufenthalt unbehaglich finden, wenn sie umsonst bei ihnen wohnen sollten, sagten sie.

Im Dezember 1993 kam der Junge erneut zur Sprachtherapie nach Mysore. Er hatte auch verschiedene Verhaltensprobleme, darunter waren die Wutanfälle, die aus seiner «Reizbarkeit» resultierten, das Wichtigste. Der Ärger über Veränderungen im Tagesablauf, Veränderungen der gewohnten Wegstrecke, Veränderungen der Busrouten oder Veränderungen der Haltung beim Gehen oder Sitzen löste bei dem Jungen Wutanfälle aus, und es dauerte Stunden, bis sie aufhörten.
Seine Mutter war üblicherweise das Opfer, denn die Leute fragten sie, warum ihr Sohn weine. Sie wusste, dass der Junge weinte, weil sie beim Gehen die Haltung, die der Junge sich wünschte, verändert hatte. Er wollte zum Beispiel, dass sie auf seiner rechten Seite ging, während sie entschlossen war, links von ihm zu gehen, um ihm zu zeigen, dass sie hartnäckiger war als er. Aber für einen Menschen, der über Autismus nichts wusste, war diese Erklärung so kompliziert, dass sie ihn nicht befriedigte, wenn er auf seine besorgte Frage «Warum weint der Junge?» eine Antwort suchte.
«Er will noch ein Eis», erwiderte Mutter also rasch und wich damit weiteren Fragen aus.

Der Junge hatte das Problem, dass er seine Gedanken nicht mit seinen Handlungen verknüpfen konnte. Ihm war zwar bewusst, dass sein Verstand arbeitete, nicht aber, dass sein Körper handelte.
Die Therapiesitzungen mit seiner Kaki halfen ihm. Er konnte seine Handlungen besser spüren, wenn er in ihrem Zimmer auf dem Teppich hockte, der auf dem Fußboden lag. Er fühlte sich besser, als seine Kaki sich zu ihm auf den Boden setzte und ihm ein Stück Papier zum Bekritzeln gab. Er zeichnete Pfeile, Häuser und seine Handfläche. Sie unterhielt sich mit

ihm. Es war ein einseitiges Gespräch, aber der Junge lernte allmählich, seine Handlungen zu spüren, wenn er versuchte, ihr die Stifte oder die Kekse aus der Hand zu ziehen. Als neues Ritual gewöhnte er sich an, sich die Schuhe auszuziehen, sobald er ihr Zimmer betreten hatte, und dann zur Toilette zu rennen.

Das tat er, um sich besser konzentrieren zu können. Er war der Überzeugung, zur Toilette zu gehen sei eine Methode, um eine Tätigkeit zu beginnen.

Er begann und beendete seinen Tag mit dem Gang zur Toilette, er begann und beendete seine Reisen mit dem Gang zur Toilette. Warum also nicht auch seine Therapiestunden?

Die Sprachtherapeutin, die mit ihm arbeitete, hieß Deepa Bhat. Sie hatte eine sachliche Art zu sprechen und war bereit, nicht für sich selbst, sondern für ihren Fall zu arbeiten. Sie sah energiegeladen aus und hatte kräftige Knochen in ihren dünnen, langen Händen. Sie hatte die Fähigkeit, den Jungen in den Therapieraum hineinzuzerren, wenn er sich stur fühlte und stur stellte, indem er seinen Körper versteifte.

Deepa Bhat stellte ihm viele verschiedenartige Fragen über seine Eltern und natürlich auch darüber, warum er nicht sprach. Der Junge war ein bisschen verwirrt, denn er wusste selbst keine Antwort auf die Frage, warum er nicht sprach. Er glaubte nur zu wissen, dass er die Reinkarnation eines großen Wesens war, denn das hatte er andere Leute sagen hören. Er fragte sich, wer er wohl gewesen sein könnte.

Dann überlegte er, dass die Streitereien seiner Eltern vielleicht der Grund dafür seien, dass er nicht sprechen konnte. Deepa meinte, es sei am besten, die Angelegenheit mit Frau Dr. Karanth zu besprechen. Der Junge glaubte, wenn er die Sache mit ihr diskutieren würde, könnte er anschließend vielleicht

reden. Er versuchte, sich an einige Male zu erinnern, als die Eltern sich sehr unangenehm über seine Behandlung gestritten hatten, und malte sie farbig aus.
Kaki glaubte jedes Wort von der Geschichte, die er erzählte, und sprach mit seinen Eltern.
Der Junge hatte gedacht, wenn er Kaki von seiner Bitterkeit berichtete, würde seine Sprache kommen. Er war sich dessen so sicher, dass er sich das Bild von einer stark gestörten Familie vorstellte und Kaki überzeugen konnte, dass er sich sehr bedroht gefühlt hatte, als die Eltern sich stritten. Außerdem rechnete er damit, dass sie sich nach dem Gespräch mit Kaki wieder streiten würden.
Wenn er sie dann streiten sähe, so dachte er, würde er den wahren Grund für seine Unfähigkeit zu sprechen finden. Aber sie stritten sich nicht und machten sich auch keine Vorwürfe. Stattdessen erklärten sie ihm, erst nachdem seine Probleme begonnen hatten, hätten sie angefangen, sich über sein kompliziertes Verhalten zu streiten, was aus den Schuldgefühlen herrührte, dass sie ihm keine guten Eltern seien. Sie erzählten dem Jungen auch, dass sie sich seinetwegen aus der Gesellschaft ausgeschlossen fühlten.

Daraufhin überlegte der Junge, seine Sprache würde vielleicht schneller kommen, wenn sein Vater mit ihm spielte. Beim Anblick der spielenden Kinder, die sprechen konnten, gelangte er zu der Überzeugung, dass die Sprache zu ihnen kam, wenn sie spielten, ohne dass sie sich darum zu bemühen brauchten.
Kaki gab ihm im Institut und auch bei ihr zu Hause Extrastunden. Der Junge fühlte sich wohl, aber die Sprache musste noch kommen. Auch Deepa gab ihre Verfügungsstunden für ihn her, denn sie war das Medium, über das er mit Kaki kommunizier-

te. Sie verbrachte Stunden mit ihm, um herauszufinden, wovor genau er Angst hatte. Auch der Junge rätselte herum.
Sein Vater hatte bereits angefangen, mit ihm zu spielen, und sich dazu zwei Monate von seiner Arbeit beurlauben lassen. Der Junge wartete darauf, dass die Sprache kam, während er mit ihm herumrannte und Fangen spielte. Das war das einzige Spiel, das er spielen konnte, auch wenn er im Kopf noch von anderen Spielen wusste.

Das möchte ich gerne ausführen. Wie ich schon erwähnt habe, waren das Wissen und die Anwendung dieses Wissens wie die beiden Enden einer Schnur, die klar getrennt waren, durch eine Entfernung, die man Zusammenhang nennt. Daher konnte der Junge, obwohl er wusste, dass man Bälle fangen, mit einem Schläger schlagen oder mit dem Fuß anstoßen konnte, den Ball nicht benutzen.
Fangen zu spielen war für den Jungen auch ein Problem, denn er konnte niemandem nachlaufen, obwohl er es genoss, wenn jemand ihn jagte, und mit Vergnügen weglief und sich wegduckte. Die Schwierigkeit wurde überwunden, als seine Mutter eines Tages einen Keks in der Hand hielt und dem Jungen beibrachte, dem Menschen nachzulaufen, indem sie den Keks langsam wegzog.
Das habe ich erwähnt, weil ich neulich einen anderen autistischen Jungen beobachtet habe, der um einen Baum herumrannte, während seine Mutter versuchte, ihn zu fangen. Sie hatte es eilig und wollte los. Aber der Junge übermittelte die Botschaft, dass er gerne gejagt werden wollte, um seinen Körper zu spüren.
Ist das ein häufiges Problem? Das werde ich noch erfahren.
Als Erstes beschlossen die Eltern, ihren Aufenthalt in Mysore

noch weiter fortzusetzen. Sein Vater suchte nach einer passenden Arbeitsstelle, wo seine Erfahrung gebraucht wurde.
Die Eltern tauschten zwar ihr Haus gegen eine Mietwohnung und richteten sich weit von zu Hause fort ein neues Heim ein, aber sie träumten beide gemeinsam davon, später in ihr Zuhause zurückzukehren und dort für immer glücklich zu leben. Der Junge jedoch hatte Angst vor der Rückkehr. In dem Haus hatte er einige bittere Erfahrungen gemacht. Er nahm sich vor, sich nicht mit zurücknehmen zu lassen.

Das nächste Problem, was er zu haben meinte, war der Unterricht bei seiner Mutter. Er erzählte Kaki davon, denn er glaubte, wenn er zurückführe, würde seine Mutter ihn weiter zu Hause unterrichten.
Ich möchte im Namen des Jungen gestehen, dass er seine Mutter in eine ganz bestimmte Ecke drängte, indem er andeutete, sie sei keine gute Mutter.
«Sie ist eher eine Lehrerin als eine Mutter», sagte er. Mir ist klar, wie schockiert sie gewesen sein muss, als sie davon hörte.
Daraufhin wurden die Bücher fern gehalten, und der Junge durfte die Zeit so verbringen, wie er wollte.
Der Junge fing an, die Unterrichtsstunden bei seiner Mutter zu vermissen.
Inzwischen näherten die Sitzungen mit Deepa sich dem Ende. Dem Jungen war ganz elend zumute, denn er würde sie vermissen.

Zeit, du bringst uns Dinge gut
Und Momente so frisch und schön
Dann nimmst du die Tage der Liebe fort –

Die Gründe sind nicht zu verstehn.
Der Schmerz des Verlustes zur Abschiedszeit
Ist wie ein Topf, der zerbrochen.
Einst stand er stolz glasiert bereit
Jetzt liegt er da zum Verrotten.

Deepa verließ das Institut im Juni. Shantala übernahm nun die Therapie. Der Junge sollte ihr ewig dankbar sein, denn sie lehrte ihn, sich anzuziehen und zu essen. Sie ging Schritt für Schritt vor und mit sehr viel Geduld. Shantala hatte eine ganz ruhige Art und eine leise Stimme. Am Ende des zweiten Monats konnte der Junge allein essen und sich anziehen. Nun hatte er für die Hände eine bessere Verwendung als Wedeln! Er konnte seine Hände besser spüren.

Im gleichen Monat brachte seine Mutter ihm das Anmalen bei. Diese geborene Lehrerin konnte das Unterrichten nicht lassen. Und der Junge hatte den Unterricht bei ihr tatsächlich vermisst. Malbücher wurden gekauft, und er musste die Bilder genau so bunt malen, wie die Vorlagen angemalt waren.

Er verbrachte die Zeit mit Bleistiften und Buntstiften. Der Junge konnte täglich besser anmalen. Viele Stunden saß er bei seinen Malbüchern. Anfangs malte er, um sich zu beschäftigen, aber allmählich begann er, Gefallen an dieser Tätigkeit zu finden. Er brannte darauf, ein Buch fertig anzumalen, denn Mutter kaufte ihm das nächste, sobald er mit einem fertig war. Dann lernte er, durchzupausen und abzuzeichnen. Für viele Autisten ist es, wie ich gehört und selbst erfahren habe, ein Problem, Figuren abzuzeichnen. Aber ich sage das ohne Gewähr, denn es gibt Fachleute, die auf diesem Gebiet weit besser informiert sind. Meine Aussage gründet sich also nur auf meine eigenen Beobachtungen und Erfahrungen.

Der Junge jedenfalls hatte große Schwierigkeiten, Figuren abzuzeichnen, etwa einen Kreis oder ein Quadrat. Mutter musste seine Hände halten und ihn die Figuren zeichnen lassen, während der Junge ganz allmählich verstand, wie er es machen sollte.
Ich wiederhole, *wie* er es machen sollte, nicht *was* er machen sollte. Meine Leser dürfen nicht den Eindruck gewinnen, dass er nicht wusste, was er zu tun hatte, nein, es ging um das «Wie». Tatsächlich ließen sich alle Probleme, mit denen er konfrontiert war, auf dieses «Wie» zurückführen.

Wie soll ich spielen!
Kannst du nicht sprechen?
Wie soll ich sprechen!
Kannst du uns nicht zuhören?
Wie soll ich euch zuhören!
Versuchst du es?
Ja, ich versuche es, aber bringt mir bei, es zu versuchen.

Mutter verstand, worum es ging, und geriet in Panik. «Wie soll ich dir beibringen, wie man etwas versucht?», fragte sie hilflos ihren Sohn.
Kaki wurde beauftragt, sich eine Methode auszudenken, mit der der Junge lernen konnte, «wie man versucht». Als Erstes sollte er lernen, andere nachzuahmen.
Der Sprachtherapeut wurde angewiesen, dem Jungen die elementaren Handlungen durch einige Übungen mit den Händen beizubringen, die für Kinder leicht zu erlernen sind.
«Eins», sagte der Therapeut, der Anil hieß, und hob beide Hände parallel zueinander. Der Junge sollte das nachmachen.

«Zwei», sagte er und führte die Hände nach vorn. Der Junge meinte, das sei einen Versuch wert, und wartete auf «drei» und «vier».
Das also nennen sie versuchen, schloss der Junge. Den Wunsch, eine Handlung auszuführen, zu der man den Körper gebraucht.

Meine Leser haben bestimmt genug von den Ausdrücken «den Körper gebrauchen» und «den Körper spüren», denn ich verwende sie wiederholt. Aber das lässt sich nicht vermeiden, denn ich schildere hier jedes einzelne Stadium des Lernens und in dem Prozess, die Verwirrung über die Beziehung zwischen Geist und Körper zu klären. Sein ständiges Schuldgefühl, weil es ihm nicht möglich war, ein richtiger und normaler Mensch zu sein, war ein weiterer Faktor, der dem Jungen im Weg stand, wenn er versuchte, wie andere zu sein.

Die Übungen mit den Händen wurden fortgesetzt. Sie waren besser als Spiele, denn sie waren geordneter. In diesen Übungen waren die Handlungen strukturiert, so wie die Zahlen eins, zwei und so weiter. Der Junge kannte den nächsten Schritt. Spiele dagegen waren unvorhersehbar, ungewiss, verwirrend und schwierig.
Im gleichen Monat lehrte Mutter ihn, einen Ball zu fangen. Sie ließ den Jungen ganz dicht vor sich stehen und begann, das «Gib-und-nimm»-Spiel mit dem Ball zu spielen. Wenn sie dem Jungen sagte, er solle ihr den Ball geben, legte er ihn auf Mutters Hand. Sie gab ihn dem Jungen sofort zurück.
Mit einiger Übung und nach vielen Wiederholungen konnte der Junge sich immer besser auf die neue Aktivität konzentrie-

ren. Als Mutter mit seiner Konzentration zufrieden war, ging sie langsam rückwärts, und statt ihm den Ball in die Hand zu legen, warf sie ihn dem Jungen zu. Er fing den Ball.
Als sie den Jungen bat, ihr den Ball wieder zuzuwerfen, war er verwirrt. Er ging zu seiner Mutter und legte ihr den Ball in die Hand, dann ging er zurück auf seinen Platz, um den Ball wieder zu fangen. Jedes Mal ging er zu ihr hin, um ihr den Ball zu geben. Er war nicht in der Lage, die Handlung des Werfens nachzuahmen. Er verstand, was Werfen war, aber er konnte seine Hände nicht dazu gebrauchen. Außerdem fing er an, sich zu langweilen, und entfernte sich von dem Spiel.

Kugel aus Symmetrie
Glatt ihr Körper
Sie rollt voll Anmut
Voll spielerischer Freude.

Der restliche Tag wurde mit Werfen und Fangen verbracht. Alles, was Mutter zu Hause in greifbarer Nähe fand, wie Kartoffeln, Knoblauch, Handtücher, Bettlaken, Bleistifte und Plastikteller, wurde für sie zum «Als-ob»-Ball.
Jedes Mal, wenn sie etwas warf, sollte der Junge es fangen, und dann forderte sie ihn auf, es ihr durch einen Wurf zurückzugeben. Der Junge ging zu der Sportlerin zurück, um ihr den Gegenstand wiederzugeben, und wartete darauf, dass sie müde würde. Doch sie war entschlossen, ihm etwas beizubringen, und wurde allmählich ungeduldig.
Am nächsten Tag nahm sie den Ball mit in den «Therapiepark» des Instituts. Sie warf ihn gegen die Seitenwand der Rutschbahn. Der Gummiball sprang in ihre Hand zurück. Sie bat den Jungen, es ebenfalls zu versuchen. Der Junge wollte

das gern und war überrascht, als er merkte, dass es einfach war.
Er hatte gelernt, wie man den Ball wirft!

Kaki, Mutter übertreibt, und ich finde keine Zeit für mich. Ich soll die Sachen immer augenblicklich lernen, sobald sie damit anfängt, beschwerte der Junge sich auf die übliche Art durch das Buchstabenzeigen. Er fand Mutter ein bisschen grausam, denn sie hatte gesagt: «Wir müssen aus einem Tag zwei Tage machen.»

Er wusste, dass sie nur auf Kakis Worte hören würde, und daher wollte der Junge, dass die beiden Frauen miteinander sprachen.
Kaki schlug den Swimmingpool für den Jungen vor. «Das würde ihm helfen, die nötige Bewegung zu bekommen, und dann hätte er auch eine Lehrerin, mit der er sich verständigen müsste», erklärte sie Mutter.
Mutters Stil kennt kein Morgen.
«Lass uns gleich heute anfangen!», verkündete sie fröhlich, als sie zufrieden nach Hause ging. Der Junge dachte, es könnte helfen. Schließlich badete er gerne.

Der Swimmingpool
Mit Wasser voll
Sah aus so kühl
Im Wellenspiel.
Doch geb ich zu
Angst kam im Nu
Als er sich auszog
Und sein Blick zum Wasser flog.

Da wandte er sich um
Zurück schaute er stumm.
Sein Mut spielte nicht mit
(Er war unter dem Durchschnitt)
Aber was als Nächstes passiert
Habe ich hier gut protokolliert.

Das Schwimmbecken war blau und schön, das gebe ich zu. Aber der Junge geriet in Panik, als er ins Wasser hinuntersteigen sollte. Mutter war sehr aufgeregt und half ihm, ins Becken zu gehen.
Was soll ich tun?, fragte der Junge sich, als er ein paar Frauen in Badeanzügen beobachtete, die auf dem Beckenrand saßen oder voller Selbstvertrauen schwammen.

Ihr Nixen aus dem Swimmingpool
Euch seh ich mit Verlangen.
Hätte ich doch ein Fischernetz –
Dann könnte ich euch fangen.

Der Junge stand im knietiefen Wasser und war entschlossen, dort zu bleiben. Von ganzem Herzen, mit seiner ganzen Steifheit war er dazu entschlossen. Mutter, die ihn wie immer ermutigte, gab ihm Anweisungen.
«Sieh dir den Jungen da an, mein Sohn, gehe so wie er!»
«Siehst du das kleine Mädchen da hinten, das den Stock fängt und mit den Beinen strampelt? Hier, fang diesen Stock und versuche es auch.»
Der Verstand ist seltsam. Er beurteilt Situationen und regt uns dazu an oder entmutigt uns. (Ich würde lieber patriotische Worte schreiben als den Krieg miterleben.)

Der Junge wollte lieber die Nixen beobachten und ihre Anmut bewundern, als eine von ihnen zur Lehrerin haben. Mutter war entschlossen, aus der Stunde etwas Nützliches für ihren Sohn herauszuholen. Daher versuchte sie, den Jungen weiter ins Wasser zu schieben, wobei sie auf dem Beckenrand stand und ihr Körper sich gefährlich über das Wasser beugte. Sie zog die Aufmerksamkeit einer Nixe auf sich, die sich als die Lehrerin vorstellte:

Mit all ihrer Anmut kam sie zu mir
Mit ihrem hübschen Gesicht als Zier
Sie war zweifellos vollkommen echt
Aber der Junge benahm sich schlecht –
Sie fasste ihn am Arm
Mit ihrem lächelndem Charme
Und führte ihn, auf dass er
Ginge ins tiefere Wasser.
Aber, mein hübsches Fräulein, leider
Konnte der Junge einfach nicht weiter.
Ihr Charme konnte seine Angst
Und Furcht nicht überwinden.
Er geriet in Panik, und es kam ein Schrei
Und ängstlich ließen Sie seinen Arm frei.
Und Sie dachten: «Lass ihn nur, vielleicht
Bekämpft er seine Angst mit der Zeit!»

Nach einer Stunde kam der Junge aus dem Becken heraus, mit trockenem Körper, erleichtert, froh und bereit, wieder nach Hause zu gehen. Auch Mutter war müde. «Morgen hast du keine Angst mehr!»
Liebe Mutter, warum kannst du mein Problem nicht verste-

hen, fragte der Junge im Stillen. Ich habe keine Angst vor dem Wasser, sondern davor, in der neuen Situation den Verstand zu verlieren, davor fürchte ich mich, sagte der Junge innerlich.
Aber Mutter konnte sein Schweigen nicht verstehen. Er machte keinen Versuch, die Sache von sich aus zu erklären. Also erhielt Mutter die Botschaft, das Wasser mache ihm Angst – wie jedem normalen Kind auch.
Am nächsten Tag hatte der Junge sogar noch mehr Angst. Er stand einfach da und wartete, dass die Stunde vorüberging. Er fühlte sich steif und sah sich als Felsblock, sehr stark und schwer. Aber er stand in sicherer Entfernung, so, dass seine Mutter ihn nicht ins Wasser schieben konnte, wie am vorherigen Tag, als er am Beckenrand gestanden hatte. Sie bat ein Mädchen, ihm zu helfen, seine Phobie zu überwinden, und das Mädchen versuchte, ihn zu zwingen, sich ins flache Wasser zu setzen. Der erschrockene Junge sprang aus dem Becken und rannte weg, gefolgt von seiner Mutter und ihrer Stimme: «Komm zurück! Komm zurück, sage ich!»
Der Swimmingpool war ein Flop. Der Junge war erleichtert, als Mutter ihm sagte, dass sie ihn nicht mehr dorthin mitnehmen wolle. «Vielleicht bist du noch nicht so weit.»

Das nächste Experiment war die Turnhalle. Mutter wurde darüber informiert, und sie stellte ihren Sohn dem Trainer vor. Die Turnhalle war zwar ideal für Kinder, denn sie konnten darin ihre Muskeln, ihre Knochen und ihre Gelenkigkeit entwickeln, aber diese sehr laute Umgebung machte den Jungen taub. Er seinerseits schrie nun noch lauter, um die anderen taub zu machen, und rollte sich auf dem Holzfußboden des Basketballfeldes herum, schloss die Augen und entfloh der neuen Situation.

Sein Schrei kam so plötzlich, dass die Jungen ihre Plätze verließen und ihn umringten – die so genannten glücklichen Kinder in einer Welt, die perfekt ist, voller Lachen und Freundschaft!

Mutter war das peinlich, und sie entschuldigte sich für die Störung, die durch den plötzlichen Schrei ihres Sohnes verursacht worden war. Der Trainer erklärte Mutter, er habe kein Problem damit, wenn der Junge es versuchen wolle, denn bei seinem nächsten Kommen würde er vielleicht positiv reagieren. Aber sie müsse dabei sein, denn sie wüssten nicht, wie sie mit dem Jungen umgehen sollten. Mit dieser Regelung war Mutter zufrieden. Wenigstens wiesen sie ihn nicht ab, nachdem sie gesehen hatten, wie er sich aufführte. Mutter bedankte sich bei dem Trainer und sagte, sie wolle wiederkommen, wenn ihr Sohn bereit und gewillt sei, mitzukommen. Andernfalls würde sie ihn nicht zwingen.

«Du entscheidest, ob du hingehst oder nicht. Ich überlasse es dir», sagte sie zu dem Jungen. «Aber kein Geschrei heute.»

Ich habe Angst, meinen Körper zu verbiegen und zu verdrehen, zeigte der Junge auf der Buchstabentafel.

«Wir werden uns nur ansehen, wie andere ihre Körper verbiegen und verdrehen. Wenn uns langweilig wird, können wir rausgehen», versicherte Mutter ihm. «Ich verlange nur, dass du dich bemühst, die Situation zu ertragen, und dass du dich heute besser benimmst.» Sie versprach ihm, dass sie, auch wenn es schon nach fünf Minuten wäre, mit ihm zurückgehen und keinen Druck auf ihn ausüben würde.

Der Junge war bereit, sich mit der Turnhalle und den glücklichen normalen Kindern auseinander zu setzen. Arme Mutter, sie war so angespannt! Um das zu verbergen, sagte sie immer und immer wieder den gleichen Vers auf:

Wer hat den Wind gesehen?
Weder du noch ich, mein Kind.
Doch wenn sich die Bäume neigen
Dann geht er vorbei, der Wind.

Der Junge sagte ihn innerlich nach und fühlte sich besser. Sie gingen eine halbe Stunde zur Turnhalle, um fünf oder zehn Minuten dort zu bleiben – so lange, wie der Junge es wünschte. Er blieb und schaute 45 Minuten lang zu. Er versetzte Mutter in Erstaunen. Von da an ging er jeden Abend dorthin und fühlte sich sehr gut nach dieser Unterhaltung.
Aber der Trainer hatte viel zu tun. Er konnte sich nicht allein mit dem Jungen beschäftigen.
«Warum rufen sie mich nicht, damit ich es mit ihnen zusammen versuche», wunderte der Junge sich, nachdem er drei Wochen lang in die Turnhalle gegangen und wieder zurückgekommen war. Er vergaß, dass er anders war und immer anders sein würde, wie sehr er sich auch wünschte, Teil der besseren Welt, ihrer Welt, der ihn umgebenden Welt zu sein.

Die reale Welt aus Beton
Und die Empfindung meiner Sinne –
Es tut weh, abgewiesen zu werden
Wenn ich zu hoffen beginne.

«Ich bringe dir bei, wie man einen Purzelbaum schlägt», sagte Mutter, als der Junge traurig war. «Es ist nicht ihre Schuld. Ich glaube, es liegt an dem Schrei, den sie am ersten Tag von dir gehört haben, der hat ihnen Angst gemacht. Deswegen fürchten sie sich, und gleichzeitig fällt es ihnen schwer, nein zu sagen!»

Noch im gleichen Augenblick machte sie sich an die Arbeit. Sie legte die Matratze aus dem Bett auf den Fußboden und half dem Jungen, sich darauf zu knien. Ich muss das Wort «half» erklären, da meine Leser vielleicht die Stirn runzeln und sagen: Warum sollte ein sechseinhalb Jahre alter Junge Hilfe brauchen, um sich hinzuknien?

Ich verteidige den Jungen, meine ehrenwerten Leser, denn er konnte nichts nachmachen und geriet bei jeder neuen Aktivität in Panik. Mutter war das bewusst, daher half sie ihm, sich hinzuknien, so wie sie ihm auch bei den anderen Tätigkeiten, die er gelernt hatte, geholfen hatte.

Sie beugte seinen Kopf herunter und übte die Handlung immer und immer wieder mit ihm. Sie ließ ihm Zeit, sich daran zu gewöhnen und die Bewegung zu genießen, und dann, mit einem «Achtung, fertig, los!» hob sie seine Beine und drehte ihn um, und der Purzelbaum war fertig. Das machte Spaß! Nach ein paar Malen konnte er es allein. Ich kann es tun, dachte er zufrieden.

Ja, du kannst alles tun, wenn jemand es dir beibringt, der deine Schwierigkeiten kennt, antwortete sein anderes Selbst, das ehrgeizig war und voller Ideen steckte.

Anderes Selbst
«Anderes Selbst», ich erreiche dich nicht
Auch wenn ich weiß, dass du ein Teil von mir bist
Wenn ich dich bitte, mein Handeln zu führen
Kann ich nur Ungewissheit spüren.
So viele Möglichkeiten liegen in einer Situation
Vielleicht dies, vielleicht das, was ist richtig davon?
«Anderes Selbst», die Weisheit gehört dir
und die Dummheit liegt bei mir.

Am nächsten Tag erzählte Mutter dem Trainer, der Junge könne einen Purzelbaum schlagen. Wenn man ihm erlaubte, es mit den anderen Kindern gemeinsam zu versuchen, würde er Selbstvertrauen gewinnen. Der Junge stand in der Reihe und wartete darauf, dass er drankam, um zeigen zu können, was er gelernt hatte.
Er war nicht daran gewöhnt, da zu stehen und zu warten. Vor Ungeduld begann er, mit den Händen zu wedeln. Mutter kam zu ihm, um ihn daran zu erinnern, dass das schlecht aussah, denn er zog bereits neugierige Blicke auf sich.
Als er an der Reihe war, merkte er, dass er vergessen hatte, wie man sich hinkniet, und er war angespannt, weil die anderen Jungen zuschauten. Mutter hatte aus Erfahrung schon damit gerechnet. Sie ließ ihn schnell die Übung machen, indem sie ihm half, sich hinzuknien, und dann von hinten schob. Allein ihre Berührung sorgte dafür, dass er sich wieder an die Handlung erinnerte und sie wiederholte (wie die anderen Kinder), bis zur Linie.
«Natürlich können wir die Turnhalle nutzen, um zu überprüfen, was du gelernt hast!» Aber auch Mutter hatte ihre Grenzen. Sie konnte ihm nur Bodenturnen beibringen, nicht das Turnen am Barren, an den Ringen oder am Reck.
«Wir können warten, bis deine Sprache kommt und du mich nicht mehr brauchst», schlug sie vor. Das war eine Enttäuschung, aber Mutter erklärte, bloß hinzugehen und Zeit dort zu verbringen, wecke erneut ihre Sehnsucht nach einer normalen Kindheit für ihren Sohn und auch nach einem leichten Leben für sich selbst. Außerdem fühlte sie sich in Bezug auf ihr Leben und das ihres Sohnes unsicher, denn es gab keine festen Regelungen wie im Leben anderer Menschen. Sie war müde und konnte es sich doch nicht leisten, müde zu sein.

Als Alternative zum Turnen konnten sie auf den Straßen entlangwandern. Sie hatten lange genug versucht, einen Trainer für den Jungen zu finden.

«Kaki, ich möchte wissen, warum ich nicht mehr zu dir nach Hause eingeladen werde», fragte der Junge, denn er dachte, sie hätte ihn nicht mehr gern.

«Ich habe nichts dagegen, dich dort mit hinzunehmen, aber du benimmst dich so schlecht, dass andere bei mir im Haus sich fragen, wie wirksam deine Therapien sind. Ich schäme mich für dein Benehmen», sagte Kaki zu ihm.

Wie benehme ich mich?, fragte der Junge sich. Was ist Benehmen?

Sein anderes Selbst gab ihm sogleich die Definition: «Die Art, wie wir in einer Situation handeln, um es anderen zu ermöglichen, einen Eindruck von uns zu gewinnen, ist Benehmen.»

Aber das Wort «schlecht» verstörte ihn, denn gut und schlecht waren relative Begriffe. Wie konnte Kaki sagen, dass er sich schlecht benahm? Aber es war Kaki, und sie hatte ihren Grund genannt, und bestimmt war es ein ehrenwerter Grund!

Und sie haben ehrenwerte Gründe, wenn man das «Recht auf Einzigartigkeit» in Bezug auf das Benehmen berücksichtigt. Die Leute schämen sich, sind verlegen oder haben Angst vor den Autisten.

Rücksichtnahme ist natürlich das Wesen der Gesellschaft. Der Anspruch auf Rücksichtnahme gibt meinen Freunden das Recht, zu urteilen und zwischen «gut» und «schlecht» zu unterscheiden, zwischen normal und anormal.

Natürlich gibt es sicherlich rücksichtsvolle Menschen, die auch die Graustufen sehen und zwischen dem Normalen und dem Gestörten einen Kompromiss finden. Sie können das verzerrte Gemälde eines Malers als Meisterwerk bewundern, gemeinsam mit ihren vollkommenen, hübschen Damen, die sie in eine Kunstausstellung begleiten, und sie sind bereit, sowohl für ihre Damen als auch für die verzerrte Darstellung des Vollkommenen etwas auszugeben.

Du hast die Tür geöffnet
Da war Wärme
Ich hab sie im Herzen gespürt
Gerade hab ich angeklopft
Und um mehr Wärme gebeten
Aber ich wurde hinaus- und weggeschickt, leider!

Der Junge war sehr traurig, als ihm gesagt wurde, sein Benehmen sei der Grund dafür, dass er nicht mehr zu Kaki eingeladen wurde. Also begann er ein neues Ritual von «Tagen ohne Abend», denn die Abende waren die Zeit, wenn er zu seiner Kaki gegangen war.
Ich will erzählen, was die Tage ohne Abend für ihn bedeuteten. Er versuchte, die Existenz von Abenden, also von der Zeit zwischen dem Nachmittag und dem Dunkelwerden, aus seinen Tagen zu streichen.
Das tat der Junge, indem er schon um drei Uhr nachmittags in den Zimmern Licht anmachte, auch wenn noch Sonnenschein hineinfiel. Mutter versuchte, ihn davon abzuhalten, und erklärte, so etwas sei dumm. Aber der Junge ließ sich nicht davon abhalten. Die «Tage ohne Abend» gingen weiter, denn sie wurden zu einem Ritual. Weil er nicht eingeladen wurde, durfte es keine Abende mehr für ihn geben.
Zuerst setzte Mutter körperlichen Druck und Strafen ein. Das half nicht. Also begann sie, ab drei Uhr nachmittags ihre Abende mit ihm auf der Straße zu verbringen. Sie machte

Spaziergänge mit ihm, vorbei an Bushaltestellen, Märkten und Parks. Sie zeigte ihm den Abendhimmel, die Farben und die Ursache der Farbentstehung – die Staubpartikel –, und erklärte ihm die Streuung des Sonnenlichtes.

Das Gesicht des Abends
Gold und Rot
Warten auf den
Sonnenuntergang
Die Erde im Frieden
Verlangt nach Ruhe
Im Schwinden des
Westlichen Lichtes.

Nach und nach lernte der Junge, den Sonnenuntergang zu bewundern, die Erde unter dem Abendhimmel und den Markt, der langsam mit Glühbirnen beleuchtet wurde. Die Abendspaziergänge in diesem Monat waren für den Jungen nützlich. Er vergaß die Sache mit den «Tagen ohne Abend». Er wartete auf die Abendspaziergänge.
Wodurch verwandelt Vorfreude sich in Ungeduld?, fragte er sich, als die Ungeduld ihn eines Tages dazu brachte, Mutter um den Spaziergang zu bitten. Sie sagte nein, und der Junge wurde sehr traurig. Mutter ließ ihn zum Weinen allein.
«Du solltest dich selbst beschäftigen», sagte sie und arbeitete weiter.

Ich wartete auf den Abend
Schon am Morgen
Der Morgen ging vorüber
Ich war voll Sorgen.

*Vielleicht war der Morgen
Nicht schuld daran
Dass ich so großen
Kummer bekam.*

Ich möchte mit Kaki sprechen, sagte der Junge zu sich, nachdem er zwei ganze Stunden lang geweint hatte. Mutter hatte den endlosen Tränenstrom satt und bat um Frieden, indem sie ihm die Buchstabentafel hinhielt. Ich möchte mit Kaki sprechen, zeigte der Junge.
Mutter rief Frau Dr. Prathibha Karanth an und erzählte ihr, was er für ein Theater gemacht hatte, weil er spazieren gehen wollte. Sie sagte, sie habe an diesem Tag viel zu tun und beabsichtige nicht, ihm seinen Willen zu lassen. Der Junge bekam den Hörer, und Kaki sprach mit ihm. Es war eine einseitige Unterhaltung, weil der Junge nicht sprechen konnte. Aber es funktionierte. Er hörte auf zu weinen.

Muster und Farben faszinierten ihn lange Zeit. Er wollte für die Muster Filzstifte nehmen, weil die Farben schöner leuchteten und sie leicht zu benutzen waren. Zuerst zeichnete Mutter oben auf die Seite ein Beispiel. Dann füllte der Junge die Seite mit vier Reihen dieses Musters. Er fühlte sich sehr entspannt, denn Schönheit und Wiederholung machten ihn glücklich.
Es waren einfache Bögen und Linien. Doch die Wiederholung ließ sie so hübsch aussehen. Der Junge war stolz auf seine Muster, und er blätterte sie durch, wann immer er Zeit dazu fand.
Aber sein Zeichnen hatte einen Haken, denn er konnte die Muster nur abmalen, aber nicht selbst kreativ sein. Das über-

stieg seine Fähigkeiten – er konnte seine Vorstellungen nicht durch Zeichnungen ausdrücken.
Der Junge stellte sich auch dreidimensionale Muster vor und bedeckte sich im Geiste damit.

Jenseits der Welt des Was und Warum
Jenseits der Ursachen und des Konkreten
Liegt das «Abstrakte» voll Herrlichkeit
Irgendwo tief in der Phantasie bereit.

Warum über andere nachdenken?
Was denken andere von mir?, fragte der Junge sich. Er sah sich als zwei verschiedene Selbste. Das eine war das vollständige – das denkende Selbst – das mit Erlerntem und mit Gefühlen angefüllt war. Es konnte den Kummer, die Freuden und die Zufriedenheit spüren. Es konnte sogar das Abstrakte in seiner Umgebung erschaffen.
Das andere Selbst war das handelnde Selbst, das für sein Benehmen verantwortlich war und keine Selbstbeherrschung kannte. Es war merkwürdig und steckte voller Handlungen. Die Handlungen, die dieses Selbst zeigte, waren nicht symmetrisch zu seinen Gedanken. Die wohlmeinenden Leute sagten dem Jungen, es sei nicht richtig, dies oder jenes zu tun. Zum Beispiel war es nicht gut, Essen von einem fremden Teller zu nehmen. Andere konnten dann denken, der Junge hätte noch nie etwas von Manieren gehört, vor allem nicht als Kind. Diesen Punkt muss ich genauer ausführen. Der Junge nahm sich jeden Gegenstand, der sein physisches Selbst anzog, sei es durch seine Farbe, seinen Geruch oder seine äußere Erscheinung.
Einmal hatte ein Tischventilator ihn angezogen, und er war

hingegangen, um ihn zu berühren. Natürlich hatte er sich die Finger verletzt, doch er konnte sich selbst nicht zur Vorsicht mahnen, obwohl er über Strom, Elektrizität und die Gefahren, die damit verbunden sind, Bescheid wusste.
Die beiden Selbste blieben jedes für sich, voneinander isoliert.

Dass der Junge Gegenstände in die Hand nahm, war Mutter oft sehr peinlich, besonders, wenn es sich um Essen handelte. Sie machte sich Sorgen, denn immer wenn sie den Jungen bat, seine Handlungsweise mit Hilfe der Buchstabentafel zu erklären, sagte er, seine Gier besiege seine Klugheit, und er nehme sich das Essen und vergesse alles andere.
Daher beschlossen sie, einmal in der Woche, jeden Samstag, essen zu gehen. Daran würde Mutter auch Freude haben, denn das alltägliche Kochen machte ihr keinen Spaß.
Sie suchte ein nettes Restaurant für die Samstage aus. Wenn sie bestellte, sorgte sie dafür, dass der Junge eine richtige Haltung einnahm. Sie unterhielt sich mit ihm, denn sonst hätte der Junge ungeduldig werden können, er hätte seltsame Gesten gemacht und so ungewollt Aufmerksamkeit erregt.
Das Warten war sehr schwer, aber Mutters ständige Versicherung, dass er sich wie ein perfekter Gentleman benehme und sie stolz mache, war sehr nützlich.
Der Junge gewöhnte sich daran, im Restaurant zu essen, wo andere Leute in seiner Nähe speisten. Er freute sich auf die Samstage, denn das wurden auch ihre Einkaufstage.
In den Läden nahm er keine Gegenstände mehr in die Hand und bei den Gemüseverkäufern keine Tomaten mehr. Er lernte zu warten, während seine Mutter etwas kaufte, und er lernte, sich nicht von ihr zu entfernen, denn sich zu verlaufen konnte

gefährlich sein. Übung und Bestätigung waren nötig, damit er Märkte und Menschenmengen ertragen lernte.

Wenn die Erde nass vom Tau
Und der Morgen frisch und blau
Steigt im Osten ein Glühen auf
Nimmt langsam und stetig seinen Lauf
Und sagt dir «Herzlichen Glückwunsch»!

Der Junge wurde sieben und war sehr enttäuscht, als sich herausstellte, dass er hohes Fieber hatte. Er erwartete, dass sein Vater überrascht sein würde. Sein Vater wusste nicht, dass sein Sohn zu sprechen begonnen hatte, denn der Junge und seine Mutter hatten geplant, es für sich zu behalten und den Vater damit zu überraschen, wenn er sie besuchte. Der Junge erwartete ein Fest, aber er wachte mit hohem Fieber und einem bitteren Geschmack im Mund auf. Hier ist ein Rückblick nötig, um zu schildern, wie das «Sprechen» begann.

Es war im Monat Mai
Kakis Vater war sehr krank
Große Angst sie hatte
Denn sein Ende nahte.
Der Junge hatte einen Toten gesehen
Und auch die Tränen, die er brachte
Also fasste er den Entschluss
Zu trocknen Kakis Tränenfluss.

«Wie glücklich sie wäre, dich sprechen zu hören, wenn sie nach dem Begräbnis wiederkommt», feuerte Mutter ihn an. Es war der 26. Mai 1995. Kaki hatte Mysore verlassen, um

zur Beerdigung ihres Vaters zu fahren, und würde mindestens eine Woche lang fort sein.
Wenn nicht jetzt, dann nie, dachte der Junge. Wenn nicht heute, dann nie, stimmte sein anderes Selbst zu. Zum ersten Mal kommunizierten seine beiden Selbste. Die Stimme aber war zur Mitarbeit noch nicht fähig.
Das Problem des Autismus gab ihm das Gefühl, dass seine Stimme eine ferne Substanz war, die er sammeln und irgendwo in seine Kehle hineinlegen musste. Aber er konnte sie nicht finden. Er weinte nach ihr.
Als Mutter ihn nach dem Grund seiner Tränen fragte, antwortete er, er weine um den Toten.
«Aber findest du es nicht recht ungewöhnlich, so weit zu gehen, wenn du den Menschen, der verstorben ist, gar nicht gekannt hast?», argumentierte Mutter. «Ich glaube, du kannst etwas Konstruktiveres tun, indem du es in dein Heft schreibst.» Also vergaß der Junge für eine Weile seine Stimme und das Problem, sie an der richtigen Stelle im Hals anzubringen.

Er schrieb über den Toten
Um seinem Problem zu entkommen
Sollte es doch bleiben, wo es war.
Sollte der Tote es begraben.
Doch vorbei war's mit dem Schreiben
Als sein Problem ihn erneut packte.

«Mutter, ich kann meine Stimme nicht finden», sagte der Junge, ganz verzweifelt, weil sein anderes Selbst ihn erinnerte: Wenn nicht heute, dann nie!
Der Gedanke blitzte in Mutter auf, als hätte sie eine Batterie

in eine Taschenlampe eingesetzt. Sie gab dem Jungen die Anweisung, sich zu entspannen und sich mit lockerem Körper hinzusetzen.

Dann tat sie es, urplötzlich, wie es ihre Art war. Sie gab dem Jungen von hinten einen Stoß in Höhe seiner Brust. Er war auf den Stoß nicht vorbereitet und gab einen Laut von sich, «uh!», als die Luft infolge des Stoßes aus seinem Mund herausgepresst wurde.

«Da! Deine Stimme ist gefunden! Und jetzt findest du sie bei jedem Stoß wieder», erklärte Mutter ihm. Dann übten sie die nächsten zehn Minuten lang den Stimmfindungsprozess.

Anschließend stellte Mutter ein Glas Wasser vor den Jungen hin. «Mit jedem Stoß, den ich dir gebe, findest du jetzt deine Stimme und bittest mich um Wasser.»

Sie gab dem Jungen den ersten Stoß, und der Junge sagte «uh!», das bedeutete «I» [Ich]. Beim zweiten Stoß sagte er «wah», den ersten Teil des Wortes «want» [möchte]. Dann, mit dem dritten Stoß, sagte er «tuh», den zweiten Teil des Wortes «want». Ähnlich sagte er bei den nächsten beiden Stößen «wuh» und «tuh» für das Wort «water» [Wasser]. Mutter reichte ihm das Wasser und fragte ihn, was er damit tun wolle. Dann gab sie ihm einen Stoß, und der Junge sagte «druh», den ersten Teil des Wortes «drink» [trinken], und dann beim nächsten Stoß sagte er «th», denn er ersetzte das «k» durch «th»! Mutter legte nicht viel Wert auf die Aussprache. Sie war froh, dass sie einen Weg gefunden hatte, verbale Äußerungen von ihm zu erhalten.

«Warum haben wir das nicht schon früher versucht?», bedauerte sie, nachdem der Junge ihre Frage beantwortet hatte.

«Wie viel ist zwei mal fünf?», und sie gab ihm einen Stoß.

Der Junge antwortete «tuh» für «ten» [zehn].

An diesem Abend brachte der Junge eine ganze Weile damit zu, Mutters Fragen zu beantworten. Normalerweise war dazu nur ein Wort nötig. Die Methode blieb die gleiche – Stoßen und Sprechen.
Er sagte «sah» und «vah» für die Zahl «seven» [sieben], als sie ihn nach dem Ergebnis von drei plus vier fragte. Dazu waren zwei Stöße nötig.
Bevor der Junge dann zur Toilette ging, sollte er das ankündigen. Bei Mutters Stößen sagte er «uh», «wah», «tah», «gah», «tuh», «tuh», tuh», für den Satz: «I want to go to toilet.» [Ich möchte auf Toilette gehen.] Meine lieben Leser können natürlich nachzählen, wie viele Stöße für einen einfachen Satz wie diesen gebraucht wurden.

In den nächsten beiden Tagen gewöhnte der Junge sich an die Fragen der Mutter. Dazu betrachteten sie Bilder, und Mutter stellte Fragen mit «was» und «wer». Aber sie stellte noch keine «Warum»-Fragen, weil sie nicht wollte, dass er sich beim Sprechen von doppelt und dreimal so langen Sätzen langweilte.
Ich verrate Ihnen ein Geheimnis, meine lieben Leser. Mutter befürchtete, dass ihr Sohn seine «erworbene» Sprache wieder einstellen und die Motivation verlieren könnte, bevor Frau Dr. Prathibha Karanth von der Beerdigung ihres Vaters zurückgekehrt war. Also erinnerte sie ihn immer wieder daran, welchen bemerkenswerten Fortschritt er gemacht hatte und wie überrascht seine Kaki sein würde, denn sie war seine wichtigste Motivatorin.
Es war sehr anständig von seiner Mutter, niemandem etwas von diesem Fortschritt zu sagen, außer seinem damaligen Sprachtherapeuten Aish Kant Rout, der mit der gleichen Methode des Bilderlesens begann. Er versuchte, dem Jungen

beizubringen, auf die Frage «Was ist das?» mit einem ganzen Satz zu antworten, also mit «Das ist ein ...», was der Junge recht ermüdend fand und für eine «Baby-Methode» hielt.
Zu antworten macht keinen Spaß, wenn die Freiheit sich auf die Regeln eines ordnungsgemäßen Satzes beschränkt.
Ein paar Tage später kam Kaki zurück, und als Erstes rief Mutter von der örtlichen Telefonzentrale aus bei ihr an, um ihr mitzuteilen, dass der Junge sprechen könne. Sie erzählte Kaki auch, dass sie ihn die Wörter so aussprechen ließ, wie er es wollte. Daher sei seine Sprache oft verzerrt. Aber die «Stoß-und-sprich»-Methode erwähnte sie am Telefon nicht.

Anfangs war diese Methode bloß eine Erinnerung, die Stimme einzuschalten und zu antworten. Zuerst bestanden die Antworten aus einem Wort und verlangten nicht viel Aufmerksamkeit oder Selbständigkeit. Wer fragte, wusste die Antwort auf sein «Was ist das?» oder «Wer ist das?».
Aber auf jeden Anfang folgt ein Wachstum, das ist die Regel. Langsam begann Mutter mit «Wie?» und «Warum?». Ein Stoß und mehrfaches Kopfnicken waren nötig, um den Rhythmus der Antwort vorzugeben. Dann mussten Mutter oder Aish Kant die Wörter wiederholen, die der Junge als Reaktion auf den Stoß gesagt hatte. Anschließend ging es weiter zur nächsten Frage.
Die Stöße halfen dem Jungen auch, aufmerksam zu sein, denn manchmal stockte er nach der Hälfte des Satzes, sodass die Aussage unvollständig blieb. Das Stoßen half außerdem, einen lauteren Ton zustande zu bringen, denn zusammen mit der Luft strömt der Ton aus dem Mund.
In einem späteren Stadium kann das Stoßen durch ein Drücken auf eine beliebige Stelle am Körper ersetzt werden.

(Aber ich finde, diese Methode sieht nicht sehr natürlich aus, und daher ist es besser, aus dieser Gewohnheit herauszuwachsen. Doch das sollte durch allmähliches Ersetzen, nicht durch plötzliches Aufzwingen geschehen. Bei Autisten ist es so, dass jede plötzliche Veränderung eine Art Hilflosigkeit erzeugt, die ihnen die Motivation nimmt.)
Es muss aber unbedingt eine Veränderung geben, denn nach jedem Anfang muss es weitergehen.
Ich möchte denjenigen, die mit Autisten zu tun haben, sagen: Versuchen Sie, bei einem System zu bleiben, das für Ihren Schüler durchgängig und generell am besten funktioniert. Zu diesem Zeitpunkt sollte es keine gesellschaftlichen Sitten geben, die der Vorgehensweise im Wege stehen. Es sieht vielleicht sehr unnatürlich aus, wenn ein Mensch gestoßen oder sonstwie zum Sprechen gebracht wird, aber für Ihren Schüler kann es eine große Hilfe sein.
Ich möchte auch darauf hinweisen, dass Autisten, die nicht sprechen, mehr Stimulierung brauchen als Autisten, die sprechen. Eine sanfte Berührung ist also weniger effektiv als ein plötzlicher Stoß oder Schubs.
Nein, liebe Psychologen, ihr macht euch durch eine solche Tat, die vielleicht einen leichten Schmerz hervorruft, nicht zu Unmenschen. Durch den Schmerz bringt ihr dem Betreffenden seinen Körper zu Bewusstsein und helft ihm so, zu funktionieren.

Hätte ich doch Vogelschwingen an den Beinen
Und könnte fliegen weit
Von jeder Wolke würde ich Regentropfen sammeln
Um fortzuwaschen meine Tränen und mein Leid.

Dann würde ich das Gold der Sonne nehmen
Und das Blau der Himmelsräume
Des Tages Hoffnung würde mir die Welt erleuchten
Und wiederkommen würden meine Träume.

Sein siebter Geburtstag war ein Flop, denn wegen seines Fiebers lag er den ganzen Tag im Bett. Sein Vater traf erst spätabends in Mysore ein. Er konnte den Jungen nicht sprechen hören, denn als er zu Hause ankam, schlief dieser fest.
Am nächsten Tag hörte der Vater seinen Sohn sprechen, zeigte sich aber nicht sehr überrascht. Der Junge war niedergeschlagen. Er hatte mehr Erstaunen erwartet.
Mittlerweile ist mir klar geworden, dass der Vater die Sprache seines Sohnes wahrscheinlich nicht verstand und die «Stoß-und-sprich»-Methode nicht besonders beeindruckend fand.
Aber er ging mit ihnen aus, um den Jungen für den verlorenen Geburtstag zu entschädigen. Er sagte, der Junge könne eine ganze Geburtswoche haben. Doch ein Fest aus Anlass seines Geburtstages war nicht das, was der Junge mit dem Finden der Stimme bezweckt hatte.

Für die Erleichterung, die darin lag
Hatte er viele Tage gekämpft.
Und auf dem Weg zu seinem Geburtstag
Musste er viele Schwierigkeiten überwinden.
Sein Eifer wurde jetzt gebremst
So flog er wie ein Vogel fort
Um die blauen und goldenen Sonnenstrahlen zu finden.

Auch das Problem, nach Diktat zu schreiben, wurde behandelt, von einem Therapeuten namens Mrinal.

Wenn der Junge die Buchstabentafel nicht sehen konnte, konnte er weder Buchstaben noch Zahlen schreiben, auch wenn man ihn dazu aufforderte.

Angenommen, der gewünschte Buchstabe war ein A, dann nahm das Bild vom A in seinem Geist nicht gleich Gestalt an. Das hieß nicht, dass er das A in einer gemischten Buchstabengruppe nicht erkennen konnte. Der Junge war auch traurig, als er dieses Problem bei sich selbst entdeckte.

Üben, Üben und nochmals Üben und nichts anderes war die Lösung. Die Seiten seines Heftes füllten sich mit Buchstaben, bis eine zufrieden stellende Verbesserung erreicht worden war.

Die Zahlen lernte der Junge auf die gleiche Weise, durch erinnern und schreiben. Eins muss nach dem anderen kommen, daher begann das Rechtschreibe-Diktat mit ähnlich klingenden Wörtern. Zum Beispiel «and, band, hand» [und, Streifen, Hand] und so weiter, die übliche Art, wie das Rechtschreiben unterrichtet wird.

Der Unterschied war hier, dass der Junge nicht die Rechtschreibung an sich lernte, sondern dass er lernte, die richtige Schreibweise auf einem Blatt Papier darzustellen.

Die zerstückelte Welt muss vereinigt werden.
Zerstückelte Welt aus Angst und Einzelteilen
Unverständlich für uns und viel zu fern.
In viele Stücke ist sie zerrissen
Der Grund sind unsere fliehenden Herzen!

Dieses Lied wird von den autistischen Herzen nicht unbeschwert gesungen. Es nennt den Grund für ihre Zurückgezogenheit. Es nennt den Grund für ihre Flucht.

Wie kann ich das mit solcher Sicherheit sagen? Ich sage es aufgrund meiner eigenen Erfahrungen, die ich in allen Phasen sammelte, die ich durchmachte, angefangen vom ersten Fortschritt in meiner persönlichen Entwicklung bis hin zu dem Stadium, in dem ich motiviert wurde, diese Geschichte zu schreiben.
Meine Geschichte, über den Jungen in der Geschichte.

Epilog

Heute hat sich das zerstückelte Selbst aus Händen und Körperteilen, als das ich mich einst sah, zu einem lebendigen Ich vereint, das nach einem vollständigen Ich strebt. Nicht, um in der abstrakten, unmöglichen Welt der Träume zu leben, sondern voller Hoffnung auf die Verwirklichung des konkreten Traumes, dass dieses Buch diejenigen erreicht, die uns mit meiner Hilfe verstehen möchten.
Wenn es diesem Buch gelingt, auch nur eine kleine Flamme zu entzünden, könnte ich sehen, wie mein Traum Gestalt annimmt.
Nein, ich bin noch nicht perfekt und brauche die Mithilfe der Gesellschaft für mein Wachstum.
Es schmerzt, wenn Menschen uns aus dem Weg gehen und Schulen sich weigern, uns aufzunehmen. Ich habe das erlebt und gespürt, dass es noch andere Menschen wie mich geben muss, die die gesellschaftliche Ablehnung Tag für Tag genau so erfahren wie ich. Ich muss klarstellen, dass es nicht an Verständnis für soziale Anforderungen mangelt, wenn wir uns merkwürdig benehmen, sondern dass es unser Unvermö-

gen ist, uns selbst auf gesellschaftlich akzeptable Weise zu gebrauchen, welches das merkwürdige oder unerwünschte Benehmen verursacht.

In Situationen, die vom Gewohnten abweichen, verändert sich auch unsere Ausdrucksfähigkeit. Ich erlebte Zurechtweisungen, weil ich bei angenehmen Gefühlen lachte oder schrie, oder weil ich mit den Händen wedelte oder weinte, wenn eine Situation schwer zu bewältigen war.

Jede Situation ist einzigartig und weckt im Herzen des Autisten Unsicherheit, die zu Angst führt, welche wiederum Intoleranz einer neuen Umgebung gegenüber hervorruft.

Veränderungen ausgesetzt zu sein, ob es sich dabei um Kleidung oder Nahrungsmittel, um Orte oder Zeitpläne handelt, hilft uns, unsere Rolle in neuen Situationen nicht gerade zu lieben, aber doch besser zu ertragen und zu verstehen.

Wir können die Stimme nicht modulieren, weil das eine sehr gute Beherrschung der Stimme erfordert, für die eine übergroße Anstrengung nötig wäre. Daher sagen wir alles in gleich bleibendem Tonfall und gebrauchen selten Satzunterbrechungen oder Fragen, auch wenn ich mir dazu gratuliere, dass ich meine Stimme gefunden habe.

Ich gratuliere mir zu jedem Meilenstein, den ich im Kampf gegen meine eigenen Widerstände bewältigt habe.

Ich träume davon, dass wir eines Tages in einer gereiften Gesellschaft wachsen können, in der niemand «normal» oder «anormal» ist, sondern in der jeder einfach ein Mensch sein kann, der alle anderen Menschen akzeptiert – bereit, gemeinsam mit ihnen weiterzuwachsen.

Eine Welt aus solchen Menschen
Kann es die nicht geben?

*Die voll Akzeptanz und Liebe
Statt voll Mitleid mit uns leben.
Wenn meine Geschichte
Dein Herz berühren kann
Ist meine Hoffnung erfüllt –
Reich belohnt wäre ich dann!*

Jenseits des Schweigens

Im Irgendwo

Lassen wir die Vergangenheit in ihrer Schwere ruhen, während ich mein Leben mit der Zeit weitergehen lasse, denn ich weiß, dass es allein die Zeit ist, die mir helfen wird, mich meinem biologischen Alter entsprechend vorwärts zu bewegen.
Und wieder und wieder frage ich mich, was der kleine Junge in den vergangenen beiden Jahren erreicht hat, nachdem er festgestellt hatte, dass er nicht aus verstreuten Körperteilen bestand, sondern ein vollständiges Selbst war. Er hatte sich entschlossen, so vollständig zu werden, wie sein biologisches Alter es zuließ.
Und wieder und wieder frage ich mich, wie ich herausfinden kann, was der Junge in diesen beiden Jahren erreicht hat, von denen die Erinnerungen bleiben – an Lachen, an Enttäuschungen, an Hoffnungen und, was am wichtigsten ist, an Zufriedenheit.
Doch Zufriedenheit ist so flüchtig wie die Zeit selbst, was dazu führt, dass ich oft überlege, ob ich wirklich zufrieden bin oder nicht. Je häufiger ich mir diese Frage stelle, desto mehr verirre ich mich in einem Labyrinth, das mich in jeden Winkel des Nirgendwo führt.
Der Junge ist tatsächlich im Irgendwo angekommen, und ich versuche, aus diesem Nirgendwo, in dem ich hilflos bin, zurückzukehren. Doch das Problem mit dem Irgendwo ist, dass es endlich ist. Man kann es definieren und ausmessen. Es kann

nicht offen bleiben, wie das unendliche Nirgendwo. Wenn man durch Nirgendwo reist und willkürlich im Unendlichen Halt macht, befindet man sich immer noch im Nirgendwo. Das ist nicht möglich, wenn man auf das umgrenzte Irgendwo beschränkt ist. Der Junge in meiner Geschichte hatte also in den letzten beiden Jahren einen Standpunkt im Endlichen eingenommen, von dem aus er zuschaute, wie die Uhrzeiger kreisten und die Kalender umgeblättert wurden.
Trotzdem erscheint die in ihrem Grab ruhende Vergangenheit noch hin und wieder, wie ein Gespenst, in Gestalt schmerzhafter Erinnerungen, die sich über den gegenwärtigen Augenblick lustig machen. In diesen Momenten stoßen das Irgendwo und das Nirgendwo aufeinander, und ich verliere meine so kostbare Zufriedenheit. Auf diese Weise wird die Zufriedenheit zu einer vergänglichen Angelegenheit.
Das Leben in der Vergangenheit jedoch macht die Last des Unterschiedes noch schwerer. Daher muss ich die Geschichte meiner Sprachlosigkeit mit meiner eigenen Stimme fortsetzen und mein Bestes tun, um die Vergangenheit in ihrem selbst gegrabenen Grab zu beerdigen. Dann kann ich mein eigenes Selbst analysieren und meinen genauen Standort in dem Land, das man «Irgendwo» nennt, bestimmen.

Auf der Suche nach einem Haus

1996 im Februar war es. Ein Tag wie jeder andere. Die Sonne schien weder besonders hell noch besonders gedämpft. Auch sonst war dieser Tag im Vergleich zu den anderen Tagen nichts Besonderes. Doch für mein Leben war der Tag bedeutsam, weil er eindeutig ein Wendepunkt war. Ich musste mich zwi-

schen der Sicherheit der täglichen Sprachtherapie, die unter bekannten Bedingungen stattfand, und der Unsicherheit einer neuen Situation, die mir bevorstehen würde, entscheiden.
Frau Dr. Prathibha Karanth, die mich durch meine Zeit im Nirgendwo hindurchgeleitet hatte, kündigte an, dass sie aus dem *All India Institute of Speech and Hearing* ausscheiden wolle.
Ich geriet innerlich in Panik, als ich sah, wie besorgt meine Mutter war, während sie mit Frau Dr. Karanth über mich und meine Zukunft sprach. Tausend «Wenns» und «Was danns» versammelten sich von überall her und drängten sich in meinem Verstand, während mein Körper bloß noch atmende Materie war. Ich fürchtete mich davor, entwurzelt zu werden. An das Leben in Mysore war ich mehr oder weniger gewöhnt. Es würde schwierig sein, es vollkommen aufzugeben. Ich spürte, dass es schmerzen würde, die Bindung an das Institut, die ich entwickelt hatte, wieder zu lösen.
Aber die Bindung an Frau Dr. Karanth war stärker. Ich fällte meine Entscheidung. Ich würde nach Bangalore umziehen, wo sie wohnen wollte.

Bewegung ist besser als Stillstand
Und so war ich froh, dass ich ein neues Ziel fand.
Und dann versuchte ich, einen klaren Gedanken zu fassen
Denn die Vergangenheit sollte man hinter sich lassen.

«Ich werde nicht sofort umziehen …»
«Bis dahin ist noch Zeit. Sie können schon einmal anfangen, sich nach einer Bleibe umzusehen …»
«Erst muss ich aus Brasilien zurück sein …»
Gesprächsfetzen aus der Unterhaltung zwischen ihr und mei-

ner Mutter unterbrachen mich in meinen Gedanken, denn ich sah, dass meine Mutter bei diesem Thema ganz aufgeregt wurde. Und ich wusste sehr gut, dass sie am besten funktioniert, wenn sie diesen Gesichtsausdruck bekommt.

Mutter verschwendete keine Zeit. Gleich am nächsten Tag nahmen wir den ersten Zug nach Bangalore. Bevor wir ausstiegen, hatte sie mindestens einem Dutzend Fahrgästen erzählt, warum wir nach Bangalore fuhren. Alle hatten ihr Telefonnummern gegeben und versprochen, uns zu helfen. Mutter hatte die Nummern sorgfältig aufgeschrieben, aber ich wusste, dass sie es allein machen würde.

Wir kauften einen Stadtplan von Bangalore und setzten uns auf eine leere Bank, um zu überlegen, wo wir anfangen sollten. Der Stadtplan erregte viel Aufmerksamkeit, und bald stellte ich fest, dass drei interessierte Augenpaare ihn musterten. Mutter faltete ihn wieder zusammen und ging mit mir los, in die Innenstadt von Bangalore. Die Stadt der Verheißung winkte mir zu.

Spinnweben der Ungewissheit

Bald besorgte Mutter ein Monatsticket von Mysore nach Bangalore, denn sie erkannte, dass man ein Haus nicht an einem Tag finden kann.

Frau Dr. Prathibha Karanth war bereits nach Bangalore umgezogen und empfing mich mit ihrer gewohnten Zuneigung zweimal in der Woche im *Institute of Speech and Hearing*, während ich entdeckte, dass die Heimat wirklich dort ist, wo das Herz ist.

Es war ein Monat mit großen Aufregungen. Aufstehen, bevor die Krähen wach wurden, nach einem raschen Bad anziehen und dann hinaus auf die Straße, um den ersten Bus zu nehmen, der uns pflichtgetreu jeden Tag zum Bahnhof brachte, durch Straßen, in denen an dunstverhangenen Morgen noch die Lampen leuchteten.

Allmählich gewann ich diese Ungewissheit lieb, denn ich merkte, dass sie mir reichlich Raum ließ zu raten, was uns erwartete.

Ich versuchte zu erraten, was für Menschen uns auf unserer dreistündigen Bahnfahrt begleiten würden. Würde der Glatzkopf mit dem Bart, der mich so neugierig angeschaut hatte, als ich am vergangenen Tag mit den Händen gewedelt hatte, wieder mitfahren?

Diese Vorliebe für das Ungewisse ist seitdem weiter gewachsen. Es war ein vollkommen anderes Gefühl als in meiner frühen Kindheit, als ich immer die gleiche Kleidung anziehen und die gleichen Wege gehen wollte und mich in neuen Situationen verloren fühlte. Ich war entschlossen, diesen neu erwachten Wunsch, das Unbekannte zu erraten, zu nutzen.

Was denkt der Mann, der da in der Ecke sitzt?

Warum schaut der Mann mit den dicken Beinen so oft auf die Uhr? Warum ist er so ungeduldig? Wird sein Chef ihn anschreien, wenn er zu spät kommt? Wird er die Schuld auf den Zug schieben?

Vermutungen und Zweifel überzogen den Verstand mit einer neuen Art von Spinnweben, und gelegentlich wedelte ich sie fort, während Mutter sich größte Mühe gab, mir durchs Fenster einen weit entfernten Baum zu zeigen.

Die Spinnweben der Ungewissheit blieben. Mutter gab mir immer eine schwere Tasche in die Hand, damit ich nicht mehr

wedelte. Ich sah, wie sich um die Tasche herum Spinnennetze bildeten, wie sie sich von der Tasche her ausbreiteten, das ganze Zugabteil infizierten, den ganzen Zug umhüllten und sich dann immer weiter und weiter ausdehnten.
Die Welt war mit Spinnweben der Ungewissheit bedeckt.

Zu Hause

«Ihr Sohn ist nicht normal. Wir können Ihnen nicht gestatten, in unserem Haus zu wohnen», sagte die Vermieterin mit großer Bestimmtheit, und sie meinte es auch so.
Mutter und ich waren gerade vor zwei Tagen nach Bangalore umgezogen. Bangalore war eine neue Stadt für uns, und dieses Haus konnten wir uns leisten. Außerdem hatten wir das Haus nach einer langen Suche gefunden. Jeden Tag waren wir von Mysore nach Bangalore und wieder zurück gefahren. Ja, es war schwierig, noch einmal von vorn anzufangen, ohne dass jemand uns half.
«Er wird niemanden stören», versuchte Mutter zu erklären.
Ich fühlte mich auch gekränkt und versuchte, auf meiner Buchstabentafel zu zeigen, dass ich niemanden stören würde.
Man glaubte mir nicht.
In jener Zeit, kurz nachdem ich meine Stimme gefunden hatte, brauchte ich die Unterstützung durch Berührungen, um sprechen zu können. Außerdem war meine Sprache undeutlich, und viele Leute fragten sich, ob ich überhaupt sprach oder ob meine Mutter sich das alles ausdachte. Daher versuchte ich in Gegenwart von Fremden nur selten, meine Stimme zu benutzen. Als die Dame jetzt meine Mitteilung auf der Buchstaben-

tafel ignorierte, war ich natürlich sehr verletzt und frustriert. Voller Verzweiflung wedelte ich mit den Händen.
«Sehen Sie doch, der ist nicht normal, denn ich habe noch nie ein normales Kind gesehen, das so etwas tut. Wie dem auch sei, ich habe mich entschieden. Sie müssen gehen.»
Mutter fing wieder von vorn an. Sie lief durch die Straßen und ging in die Büros der Makler und folgte ihnen bei den Besichtigungen. Die Spinnweben der Ungewissheit bedeckten alles, wohin ich auch ging, und ich versuchte, durch das Gewebe hindurch meine Vermutungen zu erkennen.
Endlich war ein Haus gefunden, und ich konnte sehen, dass ein großes Herz uns willkommen hieß.
Zu Hause ist, wo das Herz ist. Mein Vater, der in Bihar arbeitete, kam nach Bangalore, um uns beim Packen und beim Umzug in das großherzige Haus zur Seite zu stehen.
Die Spinnweben der Ungewissheit verschwanden.

Eine Schule namens Anvesh

Bangalore ist eine merkwürdige Stadt. Einerseits ist sie sehr traditionell, und andererseits ist sie moderner als viele andere Städte, die ich kenne. Ich musste mich selbst einordnen, um irgendwo in diese Stadt hineinzupassen. Ich musste mich auf meine eigene Weise dort niederlassen. Aber bevor ich mich niederließ, brauchte ich Akzeptanz. Der erste Ort, wo ich mich um Akzeptanz bemühen konnte, war eine Schule.
Als Frau Dr. Karanth mich und meine Mutter zu einer solchen Schule mitnahm, las ich das Schild. Da stand «Anvesh». Das war ein ziemlich seltsamer Name für eine Schule.

Die Kinder probten gerade für eine Theateraufführung. Ich interessierte mich mehr für den Brunnen in der Ecke. Ich schaute hinein. Mein Spiegelbild schaute heraus. Die runde Einfassung bewirkte, dass sich zusammen mit meinem Kopf am anderen Ende ein runder Himmel spiegelte. Ich winkte mit den Händen und begrüßte meinen Schatten dort unten in der Tiefe.

Ich vergaß, dass ich mich in einer Schule befand. Ich vergaß, dass die Schule einen seltsamen Namen hatte. Ich vergaß, dass ich von neugierigen Blicken umgeben war, und ich vergaß, dass die Schulleiterin ein wenig zögerte, mich aufzunehmen.

Ich wurde aufgefordert, am nächsten Tag für einen halben Tag zu kommen. Den nächsten Vormittag verbrachte ich damit, in den Brunnen zu schauen, während die Jungen in den Klassenräumen saßen.

«Komm, mein Vögelchen, lass uns in die Klasse gehen», rief die Schulleiterin mir einladend zu. Ich rührte mich nicht. Ich weiß nicht genau, warum ich mich nicht rührte. Aber ich war, wie ich mich erinnere, so sehr an bestimmte Stimmen gewöhnt, etwa an die Stimme von Mutter oder an die von Frau Dr. Karanth, die ich oft gehört hatte, dass ich auf andere Stimmen nicht reagieren konnte. Ich erwartete, dass die Schulleiterin mich in die Klasse führen würde. Doch sie wusste nichts von meiner Erwartung. Die Kluft blieb bestehen, und ich verlor meine Chance, akzeptiert zu werden.

Ich war ein Außenseiter, und ich musste meine Besuche am Brunnen aufgeben. Jedenfalls würde ich meinen spähenden Schatten vermissen.

Eine Hochzeit

«Ich möchte nicht zu der Hochzeit, Mutter.» So hatte ich versucht, Mutter mein Unbehagen zu vermitteln. Ich sollte einer großen Menge von Verwandten gegenübertreten, die eine völlig andere Wellenlänge hatten. Ich stand bereits in dem Ruf, ein schwarzes Schaf in der Familie zu sein, und der Gedanke, sie alle zu sehen, machte mich umso nervöser. Ich sah dem Ganzen mit bösen Vorahnungen entgegen.
«Ich bin auch hilflos», versuchte Mutter zu erklären. «Er ist mein einziger Bruder, und er wird gekränkt sein, wenn ich nicht hingehe.»
«Du musst zwischen deinem Sohn und deinem Bruder wählen», drohte ich.
«Ich wähle die Jahre für meinen Sohn, aber drei Tage für meinen Bruder», brachte sie mich zum Schweigen.
Der Onkel, der heiraten wollte, begrüßte mich herzlicher, als ich erwartet hatte. Er fuhr mich auf seinem Motorrad durch die Stadt, und bald fingen wir an, auf der Ebene zu kommunizieren, die wir beide gemeinsam hatten. Alles lief recht gut bis zu dem Tag direkt vor der Hochzeit, als nach und nach die Verwandten eintrafen. Alle versuchten zu zeigen, wie sehr sie sich um Mutter und ihr Leben sorgten.
«Mein Gott! Was hast du mit deiner Gesundheit gemacht? Du solltest auf dich selbst genauso gut Acht geben wie auf deinen Sohn.»
Auch Mutter war unbehaglich zumute. Sie nahm mich zur Seite und sagte, ich solle mir nichts daraus machen.
Wie soll das gehen, Mutter? Bring mich anderswohin und gib mir Unterricht!
Das möchte ich erklären. Ich hatte das Bedürfnis, mich stän-

dig zu beschäftigen. Wenn ich nichts zu tun hatte, wusste ich nicht, was ich mit mir anfangen sollte. Ohne Aktivität fühlte ich mich verloren.
«Wie kann ich dich zwischen diesen vielen Menschen unterrichten? Nimm dir ein paar Zeitschriften und schaue sie an.»
Die Lösung war einfach, aber die Handlung fiel mir nicht so leicht. Ich lief im Haus herum, um meine Hilflosigkeit zu zeigen.

Alle waren eifrig an der Arbeit
Nur ich blieb müßig und fiel aus der Norm
Ausgeschlossen bin ich aus der Menschheit
Mein Geist hat eine andere Form.

Mein Vater versuchte, mich zurückzuziehen, wie man einen Hund an der Kette zurückzieht. In diesem Durcheinander bemühte sich jemand, der es gut mit der Familie meinte, mir aus der Hand zu lesen. Was er sagte, hatte keine Bedeutung mehr. Nichts war mehr von Bedeutung. Ich war als krank abgestempelt. Geisteskrank. Und was war damit, dass ich besser schrieb als die meisten anderen? Dass ich Gedichte schrieb?
Die Welt war ein geeigneter Ort für die sozialen Wesen, nicht aber für Wesen wie uns. Mutter war ebenfalls ein soziales Wesen!
Die längsten drei Tage meines Lebens gingen zu Ende.

Shanti

«Sie sollten Mrs. Shanti kennen lernen», empfahl der Herr meiner Mutter. «Sie ist die Leiterin der *Marathoma Opportunity School*.»
Mutter bemühte sich verzweifelt, eine Schule für mich zu finden. Ich wünschte mir sehnlichst, dass irgendjemand mich aufnahm. Irgendwo.
«Also gut», sagte Mutter.
Wir gingen zur *Marathoma Opportunity School*. Die Kinder waren alle draußen und machten Übungen. Es war eine vollkommen geordnete Gruppe. Ich hatte diese Übungen bei meinem Aufenthalt in Mysore gelernt. Es geht darum, die Körperteile zu bewegen, während der Leiter sagt: «Eins, zwei, drei vier ...» Das ist leichter als jedes Spiel, weil es vorhersehbar ist. Man kann vorhersehen, dass zwei auf eins folgt und dass drei auf zwei folgt. Man weiß schon im Voraus, was man tun muss, wenn die Zahl Eins oder die Zahl Zwei gerufen wird.
«Da würde ich gerne mitmachen», sagte ich zu Mutter. Ich war zu allem bereit, was mir zu Akzeptanz verhelfen konnte.
Ich ging in Mrs. Shantis Büro. Sie sah mich ohne jede Unsicherheit an. Dafür war ich dankbar. Das möchte ich erläutern. Ich hatte keinen Blickkontakt zu anderen Leuten. Aber anhand der Körpersprache der anderen konnte ich ihre Blicke wahrnehmen. Ich habe Untersuchungen gelesen, dass Autisten Körpersprache nicht verstehen können. Ich selbst reagiere sensibler auf die Einstellungen der Leute. Wenn ich weiß, dass jemand mich voller Neugier beobachtet, fühle ich mich unwohl. Mein Körper reagiert sofort darauf. Ich werde hyperaktiv und wedele mit den Händen, um meinen Stress wenigstens teilweise abzureagieren.

Mrs. Shanti sah mich ganz offen an. Daher war ich ihr dankbar. Sie bat mich, Platz zu nehmen. Wieder war ich dankbar. Mutter war ganz direkt. «Nehmen Sie meinen Sohn auf? Er ist autistisch.»
«Wie heißt du?», fragte Mrs. Shanti mich. Ich war dankbar, weil sie nicht über mich sprach, sondern mit mir. Bald unterhielt ich mich mit ihr über meine Buchstabentafel.

Lady so ruhig wie die flüsternde Nacht
Führe mich weiter in dein Licht
Deine Worte haben mir diese Ruhe gebracht
Für die Worte und das Vertrauen bedanke ich mich.

«Ich denke, Sie sollten Mrs. Veronica Mathias kennenlernen. Sie ist die Richtige, sie kann Ihnen helfen», erklärte Mrs. Shanti uns.

Flüsternde Lady

War es ein Montag
Oder ein Dienstag
Vielleicht auch ein Mittwoch, das ist mir gleich
Denn dieser Morgen
Mit seinem hellen Sonnenschein
Wird mir immer gegenwärtig sein.

Das Tor war offen, als würde es uns willkommen heißen, Mutter und mich. Mutter, die sonst nie langsam geht, zögerte beim Eintreten. Sie verringerte ihr Tempo. Ich übernahm

die Führung, und sie folgte. Ich besitze einen besonderen Instinkt, der mich im Voraus wissen lässt, wo ich willkommen bin. Bis jetzt habe ich mich nie getäuscht.
Ich inspizierte den Messinggriff an der Holztür, während meine Mutter unschlüssig tief Luft holte und dann klingelte. Die Dame des Hauses öffnete die Tür. Ihr Gesicht war mir noch unbekannt, denn ich schaute den Leuten nie ins Gesicht. Aber ihre Stimme klang sanft in meinen Ohren, fast wie ein Flüstern.

In meinen Ohren Hoffnungsgeflüster
Warum kann ich es so deutlich hören?
Wenn ich dir das offen sagte
Würde das deine Zuneigung stören?

Das Haus war eine Welt voller Bücher. Hier ein Buch, da ein Buch, überall Bücher! Ich zog erst hier ein Buch heraus und dann dort. Es gab acht Stühle und Sofas zum Sitzen. Ich beschloss, mich auf einen Stuhl zu setzen, überlegte es mir dann aber anders und entschied mich, auf dem Sofa zu sitzen. Ich versuchte, alles auszuprobieren, und fühlte mich frei wie ein Vogel.
Mutter folgte mir, um mich zur Ordnung zu rufen, indem sie mich an den Händen zog und mich mit dem Ellbogen anstupste. Aber die Dame hatte nichts dagegen. Solange es ihr nichts ausmachte, konnte ich frei sein wie ein Vogel.
Das möchte ich gerne erklären. Wenn ich mich in einer geräumigen Umgebung befand, wo ich uneingeschränkte Wahlmöglichkeiten hatte, fiel es mir immer recht schwer, mich zu entscheiden. Zu entscheiden, wo ich mich aufhalten wollte, was ich tun wollte und welche Haltung ich einneh-

men wollte. Als Folge davon wurde ich in solchen Räumlichkeiten hyperaktiv. Vielleicht ist das mit einem Luftmolekül vergleichbar, das sich in einem offenen Raum freier und willkürlicher bewegt. Ich fühlte mich von der ganzen Situation überwältigt. Zu viele gute Dinge. Bücher, Stühle, Fenster, die flüsternde Lady und meine Lieblingsfarbe Grün an den Wänden.
Und, Gott sei Dank, die Lady sah meine Gedichte; und, Gott sei Dank, sie las ein paar davon; und, Gott sei Dank, sie glaubte mir! Dann sagte ich Gott noch mehr Dank, für die Tage, die folgten, in denen wir uns näher kamen und Freunde wurden und später noch etwas mehr als Freunde.

Wenn ich deine Augen anschaue
Machen mein Alter und meine Größe mich traurig
Das gilt für Veronica Mathias.

Zwei Tage warten

«Darf ich ein paar Kopien von seinen Gedichten haben?», fragte Lady Mathias meine Mutter.
Meine Gedichte fühlten sich geehrt. Es war, als wären sie für diesen Augenblick geschrieben worden. Für solche Momente musste ich noch mehr schreiben. Und ich brauchte mehr von «solchen Momenten», um mich weiterzuentwickeln.
«Wann besuchen wir die Lady, Mutter?», fragte ich.
«Am Mittwoch», sagte Mutter. «Und wenn wir dann immer noch keine Schule für dich finden können, planen wir, nach Bihar zurückzuziehen.» Mutter hatte versucht, die Worte mit

ganz ruhiger Stimme auszusprechen, als wäre alles in Ordnung. Ich wusste aber, dass sie sich Sorgen machte. Große Sorgen. Sie konnte noch nicht auf Lady Mathias bauen, und es war erst Montag.
Bis Mittwoch waren es noch zwei Tage. Am Montag nahm Mutter mich mit nach draußen, und am Dienstag auch wieder, und ziellos spazierten wir durch die Straßen und Gässchen, kreuz und quer. Ich störte Mutter nicht, denn ich wusste, dass sie es so brauchte.
Ja, ich freute mich sogar an den Märkten mit ihrem Lärm und ihren Farben.

Gedränge auf dem Straßenmarkt und Hast.
Und der Verkehr wie immer rast.
Anmutig sitzt die heilige Kuh
Und schaut dem Treiben tröstend zu.
Tomaten, Zwiebeln und auch Kohl
Färben die Fußwege grün und rot
Der ganze Markt zu jeder Zeit
Verbreitet jugendliche Fröhlichkeit.

Der Mittwochmorgen war gekommen, und meine Mutter sagte mir, ich sollte mir nicht den Himmel auf Erden erhoffen. Akzeptiert zu werden war für mich wie der Himmel auf Erden. Nur die Zeit konnte zeigen, ob ich dahin gelangen konnte oder nicht. Doch ich wusste, dass die flüsternde Lady mir helfen würde. Und insgeheim hatte ich den großen Wunsch, sie wiederzusehen, aus irgendeinem Grund.

Eine Schule finden

Lady Mathias nahm uns in mehrere Schulen mit, die für Kinder speziellen Unterricht anboten. Ja, ich konnte alle zuständigen Personen beeindrucken. Endlich kamen wir zur *Spastic Society of Karnataka*.
Ein großes Tor führte zu einem großen Herzen, und in dem großen Herzen der Schule befanden sich Kinder mit dem einen oder anderen Nichtkönnen. Ich konnte mich sofort mit ihnen identifizieren.
Die Leiterin Mrs. Krishnaswami saß in einem gemütlichen Zimmer, das auch ihr Büro war, hinter dem Tisch. Lady Mathias stellte sie mir vor. Ich fühlte mich sehr wohl, als ich mit ihr kommunizierte. Ich wusste, dass ich akzeptiert werden würde.
Lady Mathias hatte mich zu der richtigen Frau gebracht. Zu einer Frau, die nicht neugierig auf mich war, sondern mich als Individuum respektierte. Deutlich stehen die Erinnerungen vor mir an den ersten Tag in der «Schule des Jubels» und an die Tage, die mich hier erwarteten auf dem Campus der *Spastic Society*.

Meine Handschrift

Purnima Rao sollte für mich zuständig sein.
Wo und wie sie anfangen würde, war ihre Sache.
Ich war nur allzu glücklich, dass ich von einer Schule angenommen worden war. Da war die Schaukel, da waren die

Klettergerüste und viel Platz, um zu spielen und sich frei wie ein Vogel zu fühlen.
Aber eine Schule war eine Schule.
Und in der Schule musste es ein paar Regeln geben.
Ich war so undiszipliniert wie eh und je. Frei wie ein Vogel zu sein wurde von den Schülern nicht erwartet. Ich wurde süchtig nach der Schaukel, nach dem sanften Wind, den ich bei den Hin- und Herbewegungen auf meinem Gesicht spürte.
«Fang mich, wenn du kannst!» Ms. Purnima versuchte zuerst, mich liebevoll zu rufen. Der freie Vogel beachtete sie nicht. Allmählich wurden die Rufe immer schärfer, bis ich schließlich von der Schaukel kletterte. An diesem Punkt muss ich anmerken, dass ich Unterstützung brauchte, wenn ich auf Anweisung einer neuen Stimme eine neue Arbeit verrichten sollte.
Bald konnte Ms. Purnima mit mir kommunizieren. Sie war konsequent, und das half mir nicht nur, in der Arbeitsumgebung länger still zu sitzen, sondern auch, meine Handschrift zu verbessern.
Über meine Handschrift sollte ich sagen, dass die Leute sich fragten, ob man sie von links nach rechts oder von rechts nach links lesen sollte. Aber, glauben Sie mir, ich war unbändig stolz darauf.
Tage- und wochenlang arbeitete Ms. Purnima mit mir daran, dass meine eckige Handschrift rund wurde. Jedes Mal, wenn ich in mein ursprüngliches Muster zurückfiel, radierte sie das Wort aus, und ich musste es neu schreiben. Frustrierend, aber wirkungsvoll.
Mutter arbeitete das Gelernte zu Hause mit mir nach, weil die Kontinuität gewahrt werden sollte.

Über Ms. Purnima
Und mit seltener Entschlossenheit
Arbeitete sie mit mir, jeden Morgen
Hätte ich doch ihre weichere Seite gefunden
Doch die hielt sie gewaltsam verborgen.

Mein erster Tag in einem Klassenzimmer

Meine erste Erfahrung in einem Klassenzimmer war eine sehr verwirrende Geschichte. Noch nie hatte ich ein Klassenzimmer von innen gesehen. Mein Wissen darüber beschränkte sich auf die Geschichten, die über Schulen geschrieben wurden, und auf die Erzählungen meiner Mutter.
Doch das Klassenzimmer der *Spastic Society* wirkte nicht spartanisch, und die Sitzordnung war nicht so festgelegt. Der erste Blick in den Raum zeigte mir, dass ich auch hier frei wie ein Vogel sein konnte.
Die Situation war tatsächlich vollkommen neu für mich, und ich kannte meine Rolle darin nicht genau. Also ging ich durch den Raum, übersah die Lehrerin und übersah und ignorierte die Schüler, als würde niemand existieren. Ich griff nach den Büchern, die im Bücherregal standen.
Ms. Geetha Shankar sollte meine Klassenlehrerin sein. Sie lud mich ein, mich auf meinen Platz zu setzen. Ich erinnere mich an mein Widerstreben, mich hinzusetzen. Mein Körper war dazu noch nicht bereit. Ich brauchte mehr Übung, um mich in einer derartigen Situation zu setzen. Es ist auch jetzt noch schwierig, und ich kämpfe tagtäglich gegen meinen eigenen Widerstand an.

Ms. Geetha Shankar nahm das Kapitel durch, wie man eine größere Zahl von einer kleineren subtrahiert, wodurch man ein negatives Ergebnis erhält.
Etwa 15 Minuten lang konnte ich mein Interesse wachhalten. Ich hatte das schon vor Jahren bei meiner Mutter gelernt. Ich stand auf, um im Raum umherzugehen und wieder ganz frei zu sein. Mutter wurde gebraucht, sie musste zumindest eine Zeit lang bei mir sitzen, bis ich verstand, dass man von mir nicht erwartete, frei wie ein Vogel zu sein, wenigstens nicht in einem Klassenzimmer.
«Wie war der Unterricht?», fragte Mutter.
«Verwirrend», antwortete ich. «Ich fand die Rollstühle interessant. In so einem würde ich gerne sitzen.»

Der Umgang mit dem Computer

«Fass sie bloß nicht an!», warnte Purnima Rao mich erneut, als ich die Maus herumschob. Sie saß neben mir, und der Computer stand vor uns. Ich hatte mich geweigert, ihn anzuschauen, und sogar erklärt, dass ich zu keiner Zusammenarbeit mit ihr bereit sei. Das passiert bei den meisten Menschen, die wie ich autistisch sind. Jede neue Aktivität wird vom Körpersystem abgelehnt.
Wenn zwei Dickköpfe sich begegnen, gibt es keinen Kompromiss! Wir saßen da. Sie schaute mich an, und ich schaute einen Fleck an der Wand an und stellte mir vor, er wäre ein Auge der Wand oder vielleicht die Nase oder vielleicht auch irgendetwas anderes.
Purnima Rao wiederholte ihre Bemühungen.

Da geschah etwas Interessantes. Ich sah mein Spiegelbild auf dem Bildschirm. Warum habe ich das vorher übersehen?, fragte ich mich. Ich willigte ein, mir den Computer anzuschauen, aber auf meine Art. Ich wollte ihn ansehen, vorausgesetzt, ich sah mein Spiegelbild darin! Doch als Purnima Rao ihn einschaltete, wischte die Beleuchtung des Bildschirms mein Bild fort. Also schaltete ich ihn wieder aus.
«Wehe, du schaltest ihn aus!», hatte sie mich gewarnt.
Aber jetzt hatte ich etwas anderes Interessantes gefunden. Ich drückte auf eine Taste, und ganze Reihen von Buchstaben wurden getippt. Schönes Spiel, beschloss ich. Der Dickkopf hatte wieder einmal jemanden gefunden, der es mit ihm aufnehmen konnte.
Endlich, als sie mir zehn Minuten auf der Schaukel versprach, erklärte ich mich zu einem Kompromiss bereit.

Und die Tage scheinen lange her zu sein
Sie liegen in ferner Vergangenheit.
Und doch bleiben sie in meinem Herzen
Frisch bis in alle Ewigkeit.

Mrs. Vijaya Prema

Mrs. Krishnaswami meinte, es sei nötig, meinen Unterricht zu dezentralisieren, damit Mutter nicht meine einzige Lehrerin bliebe und ich auch andere Lehrer bekäme. Mrs. Vijaya Prema wollte einen speziellen Kurs mit mir machen, in dem sie mir Geschichten erzählen und sich auch sonst mit mir beschäftigen würde.

Bei mir ist es so, dass ich sehr empfindlich auf Stimmen reagiere. Jede neue Stimme jagt mir Angst ein, und ich brauche Zeit, um mich daran zu gewöhnen. Normalerweise frustriert das die Leute, und sie geben auf. Wenn die Person jedoch hartnäckig ist und die gleiche Tonhöhe beibehält, kann ich mich allmählich an die Stimme gewöhnen.
Und Mrs. Vijaya Prema war hartnäckig. Jeden Tag kam sie mit einem festen Stundenplan. Sie begann den Unterricht mit einer Aktivität, zum Beispiel einem Spiel. Die Spiele variierten von Puzzles bis hin zu Memory. Manchmal brachte sie auch Kreiden und Papier zum Malen mit.
Aufgrund meiner Fähigkeiten und meines Autismus bin ich, wenn es um Zeichnen und Malen geht, kein besonders ausdrucksstarker Mensch. Ich neige dazu, immer wieder das gleiche Auto oder den gleichen Baum oder das gleiche Viereck zu zeichnen, wenn ich Stifte und Papier bekomme, ohne dass es irgendetwas bedeutet. Ich kann meine Gedanken nicht als Zeichnung auf dem Papier darstellen.
Als Mrs. Vijaya Prema mir die bunten Kreiden gab, füllte ich die Seite daher mit Vierecken in irgendeiner Farbe, die ich gerade zufällig in die Hand bekam.
Ich gewöhnte mich jedoch an ihre Gegenwart und dann auch an ihre Stimme. Sie las eine Geschichte aus einem Schulbuch vor. Ich mag die langweiligen Schulbuchgeschichten nie, weil sie immer voll sind mit «sollte» und «sollte nicht».
Aber ich genoss es, mit ihr zusammen zu sein, auch wenn mir die Geschichten, die sie vorlas, nicht gefielen. Ich begann, über die Buchstabentafel mit ihr zu sprechen.
Das Ziel war erreicht. Ich konnte mit einem weiteren Menschen kommunizieren.

Meinen eigenen Befehlen gehorchen

Wie sollte ich mich verhalten, wenn der Körper ständig versuchte, ein wenig Stabilität zu finden? Damit meine ich, dass ich manchmal das Gefühl hatte, mein Körper bestehe nur aus meinem Kopf, während es sich zu anderen Zeiten so anfühlte, als bestehe er nur aus meinen Beinen. Es war schwierig, den ganzen Körper zu spüren, wenn ich nicht in Bewegung war. Manchmal musste ich mir gegen den Kopf klopfen oder schlagen, um ihn zu spüren. Meine Biologiekenntnisse sagten mir natürlich, dass ich willkürliche und unwillkürliche Muskeln besaß. Ich wusste auch, dass meine Hände und meine Beine von willkürlichen Muskeln bewegt wurden. Aber ich führte ein Experiment mit mir durch. Ich befahl meiner Hand, einen Stift aufzunehmen, aber ich konnte es nicht. Ich erinnere mich, wie ich vor langer Zeit meinen Lippen befohlen hatte, sich zu bewegen, und das auch nicht gekonnt hatte.
Als ich meine Mutter danach fragte, sagte sie, sie habe darauf keine Antwort. Aber sie meinte, der nächste Monat sollte «das» zum Ziel haben, und wir wollten beide darauf hinarbeiten. Sie sagte mir auch, ich sollte mich nicht unnormal fühlen und mir keine Sorgen deswegen machen.
«Jetzt gib dir selbst einen Befehl. Ich stütze dich.»
Wenn sie mich stützte, war es einfach, denn ihre Berührung führte dazu, dass ich den Körperteil, mit dem ich die Aufgabe ausführen wollte, spüren konnte.
Ich nehme jetzt meinen Stift in die Hand, sagte ich zu mir.
Mutter legte fünf Gegenstände vor mich hin. Sie berührte meine Schultern, und ich nahm den Stift auf.
«Jetzt befiehl dir, irgendeins dieser fünf Objekte zu nehmen», wies sie mich an.

Ich hatte gelernt, mir zu befehlen, etwas in die Hand zu nehmen, und dieses Kommando zu befolgen.
Das nächste Verb war «behalten» und dann kam «werfen» und so weiter. In der folgenden Zeit half mir das Programm zur sensorischen Integration, diese Fähigkeiten weiterzuentwickeln.

Das Programm zur sensorischen Integration

Dieses Programm hilft allen Sinnen, zusammenzuarbeiten.
Ich hatte eindeutig ein Problem. Wenn ich mich auf den Klang von etwas konzentrierte, merkte ich, dass meine Augen und meine Nase abschalteten. Ich konnte nie alles gleichzeitig wahrnehmen. Das heißt, ich konnte nicht jemanden sehen und ihn gleichzeitig auch hören. Mein Gehör war immer schärfer als mein Sehsinn. Das ist der Grund, weswegen ich nie meine Augen benutzte, um mit jemandem Kontakt aufzunehmen. Die Psychologen nennen das fehlenden Blickkontakt.
Das Ergebnis war, dass ich nur eine zerstückelte Welt kannte, die ich durch voneinander isolierte Sinnesorgane wahrnahm. Nur weil ich es aus Büchern gelernt hatte, wusste ich, dass die Umgebung aus Bäumen und Luft, Lebendigem und Unbelebtem, diesem und jenem bestand.
Wörter zu benutzen und die Sprache zu lernen gelang mir besser über meinen Gehörsinn. Dabei hatte ich eine vage Vorstellung davon, wie das, was die Wörter bezeichneten, ungefähr aussah oder sich anfühlte.
Ms. Shubhangi Dhuru ist eine Beschäftigungstherapeutin, die mir unermüdlich half, diese Zerstückelung in gewissem Maß

zu überwinden. In dieser Therapie werden Aktivitäten und Übungen verwendet, die es einem ermöglichen, den Körper wahrzunehmen und auch die Position des Körpers im Raum. Zu Anfang gibt es Tätigkeiten wie hängen, klettern, hüpfen, rollen und springen, die dafür sorgen, dass man seinen Körper besser spürt.

Wenn man den Körper erst wahrnimmt, hat man Freude daran. Wenn man erst Freude daran hat, findet man Gefallen daran. Und wenn man Gefallen daran findet, stellt man sich besser dar. Man möchte zum Beispiel gut aussehen und deshalb lieber ein gelbes Hemd tragen als ein weißes. Ich habe auch vor, mir einen Schnurrbart wachsen zu lassen, wenn ich volljährig bin.

Wie dem auch sei, alle meine Fähigkeiten gehen auf mein Bücherwissen in der Biologie zurück, das Mutter mir vermittelt hat. Es war der Grund dafür, dass ich mich über jede Veränderung an mir freute. Sonst hätte ich an meinen Fortschritten nicht so viel Gefallen finden können.

Lesen lernen

Seit ich in Bangalore bin, arbeitet Ms. Raksha als Sprachtherapeutin mit mir. Sie war es, die mich zum Lesen motivierte. Bis dahin war ich beim Lernen auf Hören, Verstehen und dann Erinnern beschränkt gewesen.

Mutters Stimme war mein wichtigstes Medium beim Lernen. Sie musste mir alles vorlesen, von Schulbüchern bis hin zu Geschichtenbüchern, denn ich konnte meine Augen nicht für längere Zeit auf eine Seite richten.

Doch wir müssen unsere Leistungen verbessern und dürfen nicht auf der Stelle treten.

Ms. Raksha half mir, Lesen zu lernen. Ich habe bereits erwähnt, wie das Stützen bei meinem Körpersystem funktioniert. Ms. Raksha stützte mich unwissentlich, als sie begann, mit mir im Chor zu lesen, in der Absicht, meine Aussprache zu verbessern. Das hatte Frau Dr. Karanth ihr vorgeschlagen.

Wenn sie las, musste ich den Worten natürlich folgen, um mit ihrem Tempo Schritt zu halten. Langsam wurde meine Konzentration besser, und ich konnte meinen Blick auf eine Seite heften, ohne abgelenkt zu werden.

Mutter übte es zu Hause mit mir, und innerhalb eines Monats las ich ein Buch von zweihundert Seiten durch, indem ich jeden Tag etwa sieben Seiten mit meiner Mutter im Chor las.

Heute kann ich meine Bücher ohne Unterstützung lesen. Aber ich fühle mich immer noch wohl, wenn jemand mit mir zusammen liest, denn das motiviert mich.

Ms. Raksha hat mir beim Lesenlernen geholfen, ohne die geringste Ahnung davon zu haben, welch großes Selbstvertrauen ich dadurch gewonnen habe.

Mein heutiger Stand

Heute [im Jahr 2000] befinde ich mich in einer besseren Position als vor zwei Jahren, aber ich muss mich noch weiter verbessern.

Ich brauche es immer noch, dass meine Mutter oder meine Klassenlehrerin Ms. Geetha Shankar neben mir sitzen, nicht um mich körperlich zu unterstützen, sondern als meine Umgebung, die mir hilft, in meiner Sprache und meiner Kommunikation den Fluss aufrechtzuerhalten. Ich bin sicher, dass andere Leute diese Rolle übernehmen können, wenn ich weitere Fortschritte in der sozialen Anpassung gemacht habe.

Es ist immer noch schwierig, die Stimme eines Fremden zu verstehen, besonders, wenn er Antworten erwartet. Ich werde nervös. Normalerweise wiederholt Mutter die Frage, und dann verstehe ich sie, weil ich auf ihre Stimme konditioniert bin.

Ich kann sprechen, auch wenn viele Leute mich nicht verstehen können, weil meine Aussprache nicht deutlich ist. Manchmal brauche ich Unterstützung, um mit dem Sprechen zu beginnen, als ob man eine Sprachtür in meiner Kehle öffnen müsste. Dazu muss Mutter mit den Händen winken. Vermutlich wird das in einem Jahr nicht mehr nötig sein.

Ich wedele immer noch mit den Händen, wenn ich tief in Gedanken versunken bin. Aber ich höre auf, wenn man mich darauf hinweist. Ich kann mich nicht kontrollieren, wenn ich mein Lieblingsessen sehe, und dadurch bringe ich Mutter sehr in Verlegenheit. Wenn ich wüsste, wie Verlegenheit sich anfühlt, könnte ich mich verbessern; ich weiß allerdings, dass es ein unangenehmes Gefühl ist.

Doch mit all dem, was ich kann und was ich nicht kann, bleibe ich weiterhin ein sehr optimistischer Mensch, denn es gibt viele wohlmeinende Leute, die mich ständig ermutigen, meine Träume zu verwirklichen.

Daher bin ich in der Lage, meine Träume weiterzuverfolgen, aber nicht so wie den Traum mit dem Treppensteigen, den ich früher träumte und der zu nichts führte, sondern jetzt träume ich davon, ein unabhängiger Mensch zu sein, der eines Tages in der Lage ist, selbständig zu leben.

Und Träume beginnen und Träume vergehen
Doch ich brauche die Träume zum Bestehen.
Träume von Wahrheit und Träume von Frust
Träume von Schmerz und Träume von Lust.

Epilog

Nichts ist frustrierender als eine unvollständige Geschichte. Und nichts ist frustrierender für einen Geschichtenerzähler, als nicht zu wissen, wie er seine Geschichte beenden soll, insbesondere, wenn die Geschichte von ihm selbst handelt.
Diese Geschichte kann jeden möglichen Schluss haben. Das tatsächliche Ende wird dem Erzähler erst im Moment seines letzten Atemzuges offenbart werden. In diesem Moment wird er so von seinen eigenen Gedanken erfüllt sein, dass er über den endgültigen Schlusspunkt seines Lebens vielleicht nichts mehr niederschreiben kann. So wird seine Geschichte nie vollständig aufgeschrieben werden, und andere werden nie erfahren, wie sie endet.
Als ich «Die Stimme der Stille» schrieb, im Alter von acht Jahren, war mir nicht klar, dass ich noch etwas hinzuzufügen haben würde. Der Text hatte wie ein vollständiges Buch gewirkt.
Doch das Leben ging weiter und lehrte mich, dass meine Geschichte weitergehen wird, bis zum Moment meines letzten Atemzuges und vielleicht auch noch darüber hinaus. Vielleicht hat sie schon begonnen, bevor ich meinen ersten Atemzug tat. Ich habe nämlich erkannt, dass jede Wirkung eine Ursache hat. Es muss also auch eine Ursache für meine Un-

vollkommenheit geben. Wenn ich Sie fragen würde: «Warum um Himmels willen lebe ich als autistischer Mensch und Sie als normaler Mensch?» – was würden Sie dann antworten?
Vor Gott sind die Menschen nicht alle gleich, auch wenn die großen Prediger das behauptet haben. So ist es nun einmal. Und Sein Wille geschieht immer. Und wiederum hängt es von Seinem Willen ab, wie meine Geschichte enden wird. Ich könnte darüber nur Vermutungen und Spekulationen anstellen, die auf der Basis meiner Hoffnungen und meiner Träume entstanden, die aber in diesem Buch keinen Platz haben.

Und Hoffnungen und Träume durchziehen die Gedanken
Auch wenn das Leben sie nie erreichen kann.
Doch der Geist ist erfüllt von diesen Träumen
Und sie wachsen und gedeihen dann.

Der Bewusstseinsbaum

Eins
Der Bewusstseinsbaum

Es ist sehr dunkel ringsherum. Vielleicht ist es Nacht oder vielleicht auch Tag. Ich kann es nicht mit Sicherheit wissen, weil ich die Hitze der Sonne noch nicht spüre. Erst wenn die Sonne ihre Hitze herunterwirft, weiß ich, dass Tag ist. Dann bereite ich mich auf den Moment vor, in dem jemand mich besucht.
Die Momente kommen und gehen. Aber sie lassen mich lange warten. Und wenn der erwartete Moment da ist, ist man von seiner Gegenwart so überwältigt, dass man vergisst, so zu reagieren, wie man geplant hatte. Also lasse ich den Moment vorübergehen, wie alle anderen Momente auch, die an mir vorübergegangen sind. Und wo sind sie eigentlich hingegangen? In ein Nirgendwo, das für alle, die im gegenwärtigen Moment leben, unsichtbar ist.
Doch ich weiß, dass dieses Nirgendwo in meinem eigenen Bewusstsein existiert und dass es immer wieder auftaucht, wenn ich versuche, mein Bewusstsein zu erforschen. Zum Beispiel erinnere ich mich, dass ich sehr deutlich «seine» Stimme hörte, als ich dieses Bewusstsein zum Geschenk erhielt.

Dir habe ich ein Bewusstsein gegegeben
Als Einziger sollst du damit leben
Kein Baum wird dir jemals gleichen
Bewusstseinsbaum, so sollst du heißen.

Von diesem Moment an kenne ich meinen Namen. Wer «er» war, weiß ich nicht, denn er hat mir nur das Bewusstsein geschenkt. Ich kann weder sehen noch sprechen. Daher konnte ich auch nie jemanden fragen, wer er war.
Doch ich kann mir etwas vorstellen, ich habe Phantasie. Ich kann hoffen und ich kann etwas erwarten. Ich bin fähig, Schmerzen zu spüren, aber ich kann nicht weinen. Also kann ich nur sein, einfach sein, und darauf warten, dass der Schmerz nachlässt. Ich kann nichts anderes tun als warten.
Die Stille um mich herum sagt mir, dass jetzt Nacht ist. Ich warte auf den Tag.

Zwei
Der Mann, der die Krähen füttert

Ich wünschte, ich wüsste, wie ich aussehe. Je mehr ich darüber nachdenke, desto mehr ermüde ich mein Bewusstsein mit meinen nicht enden wollenden Vermutungen. Es ist wahr, dass meine Äste sich von meinem Stamm her weit ausstrecken und dass meine Blätter breit sind. Es stimmt auch, dass ich den Menschen Schatten spende. Daher sind die heißen Nachmittage in meinem Leben niemals einsam.
Wenn die Sonne ihre ganze Hitze auf die Erde wirft, wenn der Erdboden um mich herum aufzureißen beginnt, wenn das Leben auf der Erde heiße Luft einatmet, wenn der Staub im Wind weht und wenn die Krähen sich auf meinen Ästen niederlassen, dann erkenne ich, dass Mittag ist.
Ich weiß, dass der Zeitpunkt naht, zu dem der Mann kommt, der die Krähen füttert. Er kommt und setzt sich in meinen

Schatten. Ich kann hören, wie er eine Melodie summt. Wenn er glücklich ist, summt er lauter. Gestern war sein Summen leise. Ich konnte spüren, dass er traurig war. Ich war auch traurig. Ich wollte ihn fragen, warum er so leise sang. Aber ich bin bloß ein Bewusstseinsbaum. Ich habe dieses Bewusstsein geschenkt bekommen. Ich kann hoffen, ich kann phantasieren, ich kann lieben, aber ich kann nicht fragen. Meine Sorgen und Befürchtungen sind irgendwo in meinen Tiefen gefangen, vielleicht in meinen Wurzeln, vielleicht auch in meiner Rinde oder in meinem Stamm. Ich sinne nur vor mich hin.

Ich kenne den Mann, und doch ist mir so vieles an ihm unbekannt. Daher kann ich ihm nur in meiner Phantasie Gestalt verleihen. Während er die Krähen füttert, während er sie freundlich ruft, während die Krähen sich um den letzten Bissen zanken und den Nachmittag mit ihrem Krächzen erfüllen, habe ich viele Fragen. Ich möchte wissen, wie sein Gesicht aussieht, wenn ihn etwas erheitert, ich möchte wissen, ob er selbst auch etwas gegessen hat oder ob er alles an die krächzenden Vögel verfüttert hat.

Wer dieser Mann ist spielt, keine Rolle mehr. Ich versuche, ihm mit den breiten Blättern meiner untersten Äste Luft zuzufächeln. Ich spüre, dass er unter mir liegt und dass sein Atem schwerer wird.

Er schläft.

Drei
Und Nacht ringsumher

Ihr nächtlichen Sterne
In weiter Ferne
Mit funkelndem Licht
Wie möcht ich so gerne
Euch sprechen und sehen
Und kann es doch nicht.

Wenn die Sonne untergeht und die Erde in tiefer Buße still wird, wenn das Leben ringsum den kühlen Westwind einatmet, wenn die Blätter meiner Zweige leise raschelnd miteinander flüstern, wenn die Krähen zum Schlafen in ihre Nester zurückkehren und wenn in der Ferne ein Nachtvogel schreit, dann kann ich selbst durch meine dicke Rinde hindurch spüren, wie das Sternenlicht in mich eindringt.
Ich schlafe nie, denn ich bin nie müde. Mein Bewusstsein arbeitet in der Stille der Nacht, während jedes einzelne meiner Blätter die dunkle Nachtluft einatmet.
Ein Reptil schlängelt sich mit seinem kühlen Körper träge über meine Wurzeln. Ich spüre seine Bewegungen mit Neid. Jede Bewegung macht mich neidisch. Ich frage mich, wo es wohl hingehen könnte.
Seine geruhsamen Bewegungen sagen mir, dass es nicht auf Beute aus ist. Vielleicht ist es unterwegs, weil es die Angewohnheit hat, in der nächtlichen Dunkelheit einen Spaziergang zu machen. Ich folge ihm in Gedanken.
Ist es an dem verlassenen Haus zu meiner Rechten vorbeigekommen, hinter dem das Stück Brachland liegt, von dem tagsüber das Meckern der Ziegen herüberhallt? Ist es über

das Feld nach Osten gelaufen, wo sich ein kleines Dorf befindet, oder hat es den Weg zu den Eisenbahnschienen genommen, auf denen die Züge vorbeifahren, deren Schwingungen selbst die Erde erzittern lassen?

Ich sinne und sinne, während die Nacht mich in all ihrer Selbstverständlichkeit umgibt. Die Sterne am Himmel lassen ihr Licht herabtropfen, um mein Herz zu berühren, das so lebendig ist wie mein Bewusstsein. Mein Herz sammelt ihr Licht und verteilt es über meinen ganzen Körper, bis tief in meine Wurzeln hinein.

Die Erde saugt das Licht dann aus meinen Wurzeln heraus und empfindet den Segen der Sterne.

Vier
Die fröhlichen Männer

Die Männer verströmen Fröhlichkeit
Auf all ihren Wegen weit und breit.

Wenn die Sonne die späte Nachmittagsstunde anzeigt, sitzt manchmal eine Gruppe von Männern in meinem Schatten. Es sind fünf an der Zahl. Gelegentlich kommen noch ein oder zwei weitere hinzu.

Ihr Nahen erkenne ich daran, dass ihr vergnügtes Lachen wie eine fröhliche Welle aus der Ferne heranrollt. Wenn sie kommen, bereite ich mich darauf vor, sie zu begrüßen. Sie erfüllen die Stille meiner Umgebung mit solcher Fröhlichkeit, dass die ganze Welt ein runder Ball aus Gelächter zu sein scheint.

Ich versuche, kräftig mit meinen Ästen und Blättern zu win-

ken, auch wenn kein Wind mir hilft. Natürlich muss ich mich besonders anstrengen, um meine Äste zu bewegen, wenn kein Wind weht. Doch ich denke, die fröhlichen Männer bemerken meinen Willkommensgruß gar nicht, wenn sie sich in meinem Schatten niederlassen und reden.
Sie haben Wein mitgebracht, und langsam betrinken sie sich. Ich höre ihnen amüsiert zu. Es ist keine besonders geistreiche Unterhaltung, das muss ich zugeben. Doch wenn ihre Sprache undeutlich wird, wenn sie ihre Wörter unter lautem Schnaufen ausstoßen, wenn Scherze zu Beschimpfungen werden und Beschimpfungen zu Flüchen und wenn die Flüche dann zu Streit führen, weiß ich, das liegt an der magischen Flüssigkeit, die sie getrunken haben.
Einer von ihnen versucht zu singen. Ein anderer feuert ihn händeklatschend an. Der Dritte versucht torkelnd, um meinen dicken Stamm herumzutanzen. Der Nächste aber langweilt sich einfach und schläft ein. Der Fünfte beobachtet die anderen. Die leere Flasche rollt umher und kriegt ein paar Tritte von den tanzenden Füßen ab.
Meine Blätter jubeln den fröhlichen Männern immer zu, indem sie laut gegeneinander klatschen.
Langsam wird die Sonne kühler, um die fröhlichen Männer daran zu erinnern, dass die Erde Ruhe braucht. Mit schwankenden Schritten entfernen sie sich langsam und lassen die leere Flasche weiter herumrollen. Die Luft riecht nach ihrem Schweiß und nach Wein. Das Geräusch ihrer Schritte wird immer leiser, bis es sich in den anderen Geräuschen verliert.
Und die Erde wird wieder einmal still.
In Gedanken folge ich ihnen.

Fünf
Die lebendige Erde

Die Erde als Ganzes ist ein lebendiges Selbst
Und bringt alles Leben hervor.

Die Erde ist selbst eine atmende Lebensform. Hat sie auch ein Bewusstsein, so wie ich? Und wenn das der Fall ist, wo befindet sich ihr Bewusstsein?
Manchmal bin ich sicher, dass die Erde ein eigenes Bewusstsein besitzt. Sie kann viel mehr verstehen, als sie zeigt. Wenn man nicht gestört werden will und mit seinem Zustand zufrieden ist, braucht man mit seiner Weisheit nicht zu prahlen.
Nur wenn man mit sich selbst zufrieden ist, kann man so friedlich sein wie das Feld auf der anderen Seite des Hauses, auf das die Ziegenhirten aus dem verschlafenen Dorf ziehen, um ihre Tiere zu weiden. Das Meckern der Ziegen erzeugt eine sanfte Welle im Wind, und ich nehme den Klang mit meinen Blättern auf, die bei jedem Meckern vibrieren.
Auch die Erde hört zu. Das weiß ich gewiss. Sie lauscht mit großer Zufriedenheit, das kann ich unter meinen tiefen Wurzeln spüren. Aber sie zeigt niemandem etwas davon. Warum sollte sie? Da sie überall um uns herum ist, halten wir sie für eine selbstverständliche Gegebenheit. Wir vollbringen alle unsere guten und schlechten Taten auf ihrem Herzen. Sie nimmt die guten Taten hin und sie nimmt die bösen hin, ohne jedes Urteil. Die Erde zeigt nie, dass sie Schmerz empfindet. Reicht das nicht als Beweis dafür, dass sie sich im Innern einer tiefen Zufriedenheit erfreut?
Doch ich habe auch gespürt, wie sie verletzt wurde. Als eines Nachts in dem verschlafenen Dorf ein Feuer ausbrach und als

der Brand sich in die Häuser hinein ausbreitete, als ein neugeborenes Kalb nicht mit seiner Mutter Schritt halten konnte und, nachdem die Mutterkuh ein letztes Mal nach ihm gerufen hatte, vor ihren hilflosen Augen verbrannte, spürte ich, wie die Erde in großem Schmerz aufseufzte. Wie sonst ist es zu erklären, dass meine Blätter und Äste zitterten, obwohl kein Wind ging?

Auch ich seufzte, denn ich konnte das Feuer sogar von meinem Platz aus riechen. In diesem Moment wünschte ich mir, gar kein Bewusstsein zu haben. Ein Vogelküken in seinem Nest irgendwo in meinen Ästen erwachte von meinem Seufzer. Ich schwor mir, beim nächsten Mal behutsamer zu sein.

Das Dorf auf dem Herzen der Erde brannte.

Sechs
Ameisen

Kleine Wesen, so eifrig und leise
Nutzen den Tag auf allerbeste Weise.

Heute Morgen haben Ameisen begonnen, sich hier zu beschäftigen. Ich kann spüren, wie sie an meinem Stamm und meinen Ästen auf und ab klettern, um zu den reifen Früchten in meiner Krone zu gelangen, die aufgebrochen sind und ihre Samen verstreuen.

Die Ameisen sind dem Geruch gefolgt und haben die reifen Früchte gefunden. Ich konnte ihr gleichmäßiges Tempo spüren, das sich wie ein beständiger Strom des Lebens anfühlte. Ein langes, lebendiges Band, das die reifen Früchte suchte,

und ein zweites langes Band aus Leben, das wieder abwärts strebte. Eine organisierte Lebensform aus Wesen, die das gleiche Ziel hatten.
Es gab jedoch einen Kampf, als eine rivalisierende Ameisengruppe von irgendwoher kam, um sich auch ihren Teil von den reifen Früchten zu holen. Der Krieg dauerte nicht lange. Ich konnte spüren, wie die Ameisen versuchten, sich gegenseitig fortzustoßen und übereinander zu klettern. Die Bewegungen konnten mich kaum kitzeln. Und doch wusste ich, dass es ein bedeutsamer Kampf war.
Auch Bäume wie ich kämpfen. Als einmal, vor langer Zeit, eine Schlingpflanze versuchte, sich genau unter mir anzusiedeln, ließ ich ein paar Zweige auf das Gewächs fallen, um es zu warnen. Aber das Schlinggewächs konnte meine Warnung nicht verstehen. Nicht alle Pflanzen können Bewusstseinsbäume sein. Ohne Bewusstsein funktionieren zwar die Instinkte, nicht aber das Urteilsvermögen. Die Schlingpflanze überlebte allerdings nur noch ein paar Tage, bis nämlich eine der Ziegen, die unter mir weidete, sie verzehrte.
Meine Früchte waren mit Ameisen bedeckt. Ich konnte ihre Bisse spüren. Als der Schmerz zu groß für mich wurde, schüttelte ich sie herunter. Zusammen mit den Ameisen schüttelte ich sie ab. Langsam wurden das aufsteigende und das absteigende Lebensband dünner, bis ich sie beide nicht mehr spüren konnte.

Sieben
Ein windiger Tag

Den ganzen Tag lang pfiff der Wind
Es stürmte Stunde um Stunde.
Und trotz des Windes hörte ich:
Ein kleines Wesen ging zugrunde.

Letzte Woche gab es hier einen sehr windigen Tag. Ich spürte den Wind am ganzen Körper. Als er stürmte und drohte, mir seine Kraft zu zeigen, als ich Angst bekam, entwurzelt zu werden, als das Nest in meinen Zweigen schwang und schaukelte, als sich die kleinen Küken darin dichter zusammendrängten und als meine Äste kämpften, um das Nest zu retten, schien die ganze Welt im Chaos zu versinken.

Da war Chaos in der Luft, die den Staub aufwirbelte, da herrschte Chaos unter den Ziegen, die wegrannten, da herrschte auf der ganzen Wiese Durcheinander, denn die Ziegenhirten jagten ihre Tiere, um sie zusammenzuhalten, während auch oben am Himmel das Chaos tobte. Von irgendwoher zogen Wolken heran, die aufzubrechen drohten. Die Vogelküken versuchten zu fliehen, und eins von ihnen stürzte auf die Erde hinunter.

Ich konnte sein klägliches Piepsen hören. Mir wurde klar, dass es sich ein Bein gebrochen hatte. Aber ich konnte nichts tun, um ihm zu helfen. Der Wind brauste an diesem Tag rings um mich herum. Meine Äste konnten seiner Kraft nicht mehr standhalten. Schließlich musste ich nachgeben.

Zwei meiner Äste brachen ab. Einer davon fiel auf das Vogelküken, und sofort hörte sein Piepsen auf. Ich hatte den Ast auf seinen Kopf stürzen lassen. Das kleine Leben ging unter

meinem schweren Ast zugrunde. Mein zerbrochener Körper schmerzte, doch ich empfand den Schmerz nicht, weil ein furchtbares Schuldgefühl mich überwältigte.
In diesem Augenblick wollte ich mein Bewusstsein aufgeben. Der Sturm lachte rings um mich herum, und plötzlich prasselte der Regen herab. Er wusch meine Tränen mit fort. Ich konnte mir vorstellen, wie seine Tropfen über den Körper des toten Vögleins rannen und ein Becken aus Regenwasser bildeten, zu dessen Rand das Blut hinströmte. Ich konnte mir vorstellen, wie das Wasser langsam seine natürliche Farbe wiedergewann, als es kein Blut mehr zum Nachströmen gab. Ich hatte überlebt und stand da mit einem zerstörten Nest und zwei verängstigten Vogelküken, die nicht wussten, ob sie mir noch vertrauen konnten.

Acht
Das Herz der Erde

Die ganze Erde hat ein Herz
Es schlägt in ihrem tiefsten Kern
Vielleicht schlägt es seit alter Zeit
Sehr tief und auch sehr fern.

Während ich so auf der Erde stehe und mich mit den Wurzeln im harten Erdboden festklammere, spüre ich tief unten, irgendwo im Kern der Erde, Bewegungen. Meine Wurzeln erfassen die schwachen Wellen, und mir wird klar, dass irgendwo da unten das große Herz der Erde schlägt.
Ich wünschte, meine Wurzeln könnten noch tiefer nach unten

reichen, immer weiter hinab, bis sie das große Herz berühren. Doch es gibt Beschränkungen, und auch ich habe meine Grenzen. Und nach jeder überwundenen Grenze trifft man auf eine weitere Grenze. Allerdings gilt das nicht für mein Bewusstsein und seine Phantasien. Es überspringt alle Grenzen, um immer weiter entfernte Reiche zu erfassen, schneller als die Zeit, deren Geschwindigkeit auch begrenzt ist. Und dann kennt auch die Zeit keine Begrenzungen mehr, obwohl sie die Ereignisse eingrenzt.

Wir messen die Länge von Ereignissen mit dem Maßstab der Zeit. Daher kann ich erkennen, dass das große Herz der Erde sehr langsam schlägt. Um das zu spüren, brauchte ich lange. Ich musste darauf warten, dass eine Vibration auf die andere folgte, und meine Wurzeln mussten wachsam bleiben, um in der Lage zu sein, auch das leichteste Beben aufzunehmen.

Ich konnte mir vorstellen, wie das große Herz sich ausdehnte und wieder zusammenzog, wie es die Essenz des Lebens zirkulieren ließ, durch meine Wurzeln, durch den Stein, durch das Feld, auf das die Ziegenhirten ihre Herden treiben, und durch die ungezähmte Luft darüber, die diesen Lebensatem weiter und weiter fortträgt. Ich konnte mir den großen Lebensatem vorstellen, wie er sich immer weiter ausdehnte, wie er sich über den ganzen Himmel ausbreitete und auch die fliegenden Vögel erfasste, die mit den schwebenden Wolken wetteifern.

In mir selbst, wo mein Bewusstsein gefangen ist, kann ich spüren, wie meine Blätter diesen Lebensatem einsaugen, denselben Atem, den jedes Lebewesen einatmet. Die Schnecke, der Mann und der Baum.

Neun
Vorstellungen und Hoffnung

Der ganze Himmel dehnt sich weit
Und ist voller Glückseligkeit
Ich aber denke nur und kann nicht sehen
Und stelle mir die Anblicke vor, die mir entgehen.

Manchmal scheint mir, ich hätte ihn, der mir mein Bewusstsein geschenkt hat, um die Gabe des Sehens bitten sollen. Doch in dem Moment, als er mir das Bewusstsein verlieh, war ich so überwältigt, dass ich sogar vergaß, mich bei ihm zu bedanken. Ich stand einfach da mit dem Wissen, dass ich existiere und auch vorher schon existiert hatte. Vor diesem Moment hatte ich nichts gewusst, nichts über die Welt und auch nichts über mich selbst.
Als ich das Geschenk des Bewusstseins erhalten hatte, wurde mir klar, dass ich nun ein Bewusstseinsbaum war, während ich vorher bloß ein einfacher Baum gewesen war. Doch meine Vergangenheit wurde mir nicht offenbart, obwohl ich mein Bestes tat, um etwas darüber herauszufinden. Aber wenn kein Bewusstsein vorhanden ist, werden auch keine Erinnerungen gespeichert. Daher konnte ich mich nur auf das stützen, was ich mir im Laufe der Zeit selbst beibrachte. Demnach war ich eines Tages geboren worden, vielleicht, als jemand mich pflanzte. Oder vielleicht war dort, wo ich Wurzeln geschlagen habe, ein Same aus einem Vogelschnabel auf die Erde gefallen. Vielleicht waren meine Blätter den gefräßigen Ziegen entgangen, und so war ich ohne jedes Wissen um mich selbst aufgewachsen.
Vielleicht war es so, vielleicht auch anders. So sage ich mir,

während ich unter dem klaren Himmel stehe und mich frage, wie er aussieht. Dass der Himmel klar ist, kann ich an der Menge der Sonnenstrahlen erkennen, die ich spüre. Dass der Himmel klar ist, kann ich auch an den Schreien der Adler hören, die über dem Feld kreisen, auf dem die Ziegenhirten ihre Tiere weiden. Dass der Himmel klar ist, kann ich an der Luft ringsherum spüren. Doch ich kann nicht sagen, wie der klare Himmel aussieht, so wie ich mir nicht einmal vorstellen kann, wie ich selbst aussehe. Wenn «er» das nächste Mal kommt, werde ich ihn um die Gabe des Sehens bitten.
Ich zweifle an seiner Rückkehr und doch hoffe ich darauf. Vielleicht kommt er wieder. Vielleicht auch nicht.

Zehn
Schritte

Ständig hör ich in wachen Stunden
Schritte von fern und nah.
Manche sind fremd, doch klingen vertraut
Andere sind vollkommen klar.

Während ich hier stehe und mein Bewusstsein voller Hoffnungen, Erinnerungen, Zweifel, Erwägungen und Wünsche ist, kann ich Schritte hören. Schritte ringsherum. Schritte in der Gegenwart, so wie Schritte, die aus den Tiefen der Erinnerung heraufklingen. Manchmal vermischen diese Schritte sich mit kürzlich vernommenen, und ich höre ein rätselhaftes Orchester aus Schritten.
Das Trippeln der Ziegen, die Schritte der Ziegenhirten, die

Schritte der fröhlichen Männer mit den tanzenden Füßen und die Hufschläge des Pferdes, die aus einer fernen Vergangenheit herüberschallen. Sein Reiter rastete früher unter meiner Krone, so wie der Mann, der die Krähen füttert, es jetzt tut. Das Stampfen der Soldaten, die den Reiter töteten, aus einem mir unbekannten Grund, und die peinigenden Huftritte des verängstigten Pferdes, das angebunden war und verzweifelt zu entkommen versuchte.
Auch ich war ohnmächtig. Das Pferd war an meinem Stamm festgebunden, und ich konnte ihm nicht helfen, wegzulaufen. Das Tier hatte laut um Hilfe gewiehert. In jenen längst vergangenen Tagen kamen die Ziegenhirten noch nicht hier vorbei. Sein Reiter würde nie wieder aufwachen. So hatte es zwar seine Freiheit, aber es konnte den Strick nicht lösen, mit dem sein Herr es angebunden hatte, als er noch lebte.
Schließlich gab das Pferd auf, denn es erkannte, wie machtlos es gegen sein Schicksal war. Der Körper seines Herrn begann zu stinken und lockte viele Schakale und Aasvögel an. Doch sie zögerten noch, von der Leiche zu fressen, denn das Pferd, hungrig und durstig, hatte seinen toten Reiter drei Tage lang bewacht und alle wilden Tiere, die ihm nahe kamen, angegriffen.
Schließlich schwiegen die Hufe, und die Tritte der Schakale und die Flügelschläge der Geier kamen immer näher.

Elf
Frühling

Und aus dem fernen Dunst der Vergangenheit
Ruft ihre Stimme nach mir.
Verloren irgendwo im Labyrinth der Zeit
Doch mein Bewusstsein hört sie hier.

Sie kam oft mit ihren Freundinnen zu mir. An meinem untersten Ast befestigte sie eine Schaukel. Dazu sprang sie hoch und versuchte, ein Ende des Seils über den Ast zu werfen. Sie kicherte mit ihren Freundinnen, wenn es beim ersten Mal nicht klappte. Ich konnte die Reifen an ihren Armen und ihren Fußgelenken klimpern hören, als würden sie ihr Kichern nachahmen. Dann probierte sie es erneut. Bei jedem Versuch klimperten die Reifen an ihren Armen und ihren Fußgelenken gemeinsam. Sie gab nicht auf. Sie versuchte es immer wieder, bis es ihr gelang.
Schließlich hatte sie es geschafft. Ich wusste, wie sie hieß, denn ich hatte gehört, wie ihre Freundinnen nach ihr riefen. Aber ich hatte einen eigenen Namen für sie. Ich nannte sie Frühling!

Wie der Frühling kam sie herbei
Wie der Frühling so frisch und so neu
Und oft erklang des lieben Mädchens Stimme
Jubelnd unter dem Frühlingshimmel.

Ich wusste, dass sie hübsch war. Ich wusste, dass sie jeden bezaubern konnte, auch die Luft um sich herum, auch den Staub, der beim Schaukeln aufflog, auch den Himmel, der

von irgendwoher alle seine Wolken zusammenzog, genau über meiner Krone, weil er hoffte, er könnte sie mit den Regentropfen berühren.
Sie blieb nie so lange, bis der Regen tatsächlich fiel, und normalerweise verließ sie ihren Spielplatz so plötzlich, wie sie gekommen war. Mit dem schwingenden Seil, mit ihren Freundinnen, mit den klimpernden Reifen an Armen und Füßen und mit ihrer fröhlichen Stimme ging sie wieder fort.
Ich machte dem Himmel Vorwürfe und ich beschuldigte die Zeit. Doch ich war stolz darauf, dass sie zu mir kam. Mein unterster Ast war zu hoch für sie, aber nicht so hoch wie der Himmel.
Am nächsten Tag wartete ich auf den gesegneten Augenblick. Und der Monsunregen stürzte herab, während die Erde den Frühling erwartete.

Zwölf
Leere Schritte

Keine Menschenseele kannte ihn
Niemand hatte ihn gern
Manchmal zweifelte er wohl selbst
An seiner Existenz.

Seine Schritte sagten mir, dass er lange gewandert war. Müde Schritte sind schleppend. Sie gehen nur noch um des Gehens willen. Die einen haben einen Ort zum Ziel. Sie gehen in eine bestimmte Richtung.
Die anderen müden Schritte wandern einfach. Diese Schritte

sind von Leere erfüllt. Der Grund dafür ist, dass der Verstand nichts sucht. Entweder ist der Verstand mit unbewussten Gedanken beschäftigt, oder er ist mit völliger Leere angefüllt.

In den Gedanken dieses Wanderers spürte ich ein vollkommenes Nichts. Warum sonst hätte er so unentschlossen gehen sollen? Warum hätte er so heftig über einen Stein stolpern und trotzdem weitergehen sollen, als wäre nichts geschehen? Warum hätte er, als ihm die bellenden Hunde folgten, nichts tun sollen, um sie fortzujagen?

Er war müde, und er kam aus der Richtung, in der das Dorf lag. Aber ich merkte, dass er nicht zum Dorf gehörte. Er gehörte nirgendwohin. Daher konnte er überall sein.

Seine Atemzüge hörten sich weder fröhlich noch traurig an. Doch in ihnen klang das Gewicht einer Leere mit. Während der Wanderer weiterging, konnte ich hören, wie seine leeren Atemzüge ihm folgten und die Hunde fern hielten.

Er näherte sich mir und trat langsam unter mich. Ich war vollkommen überrascht. Er war der einzige Mensch, der mich nicht einmal bemerkte!

Und ringsum die Luft sog ein
Seinen Atem in seiner Schwere.
Während die Erde schweigend lag
Erfüllt von Leere!

Dreizehn
Affen

Wenn meine Blüten vertrocknen und meine Früchte zu wachsen beginnen, kommen von irgendwoher die Affen. Sie setzen sich oben auf das Dach des verlassenen Hauses, hinter dem das Feld mit den Ziegen und ihren Hirten liegt. Es sind ungefähr neun Affen. In manchen Jahren sind es ein paar mehr.
Väter, Mütter, Jugendliche, Vettern, Tanten, Schwestern und Säuglinge. Alle gehören zur gleichen Familie.
Zuerst untersuchen sie das verlassene Haus genau und prüfen, ob alles noch an seinem Platz ist. Sie werfen lose Ziegelsteine hierhin und dorthin, auf dem ganzen Gelände herum. Die jungen Affen ahmen ihre Väter nach und lernen schnell. Die Babys klammern sich an die Mütter und schauen erschrocken und respektvoll zu, wie die Älteren ihre bemerkenswerten Künste im Zielwerfen mit Ziegelsteinen vorführen.
Ich stehe hier und höre, wie die Steine dumpf auf dem Boden aufschlagen. Wenn die losen Ziegelsteine verbraucht sind, jagen die Affen sich gegenseitig durch die leeren Zimmer und über das halb zerfallene Dach.
Das Dach ist vor etwa vier Jahren bei einem Sommergewitter eingestürzt. Manche Affen waren damals noch ganz klein.
Bei jenem Sommergewitter waren die Affen in meine Krone umgezogen und hatten sich voller Angst an mir festgehalten. Ich spürte, wie selbst die Mutigsten sich vollkommen durchnässt an mir festklammerten.

Sturm zog herauf
Die Wolken brachen auf
Es war ein Tosen und Jagen.

Der Boden weichte auf
Das Gewitter nahm seinen Lauf
Und ließ auch die mutigsten Herzen verzagen.

Ich konnte spüren, wie die zitternden Affen meine Äste umklammerten und wie ihre kleinen Herzen schneller und noch schneller schlugen, als das Dach des verlassenen Hauses einstürzte, mit einem Krachen, das es mit dem Donner aufnehmen konnte!

Eine Stunde später hörte der Regen auf, und die Sonne kam heraus, als wollte sie sagen: Es ist nichts Falsches geschehen. Mein Stamm war triefend nass, und ich spürte, wie die Affen langsam daran hinabkletterten. Sehr vorsichtig liefen sie zu dem Haus zurück, das nun mit einem eingestürzten Dach dastand.

Aber das ist vier Jahre her. Jedes Jahr kommt die Affenhorde mit ein paar neuen Mitgliedern, um die Sommermonate in meinen Ästen zu verbringen. Die Krähenfamilien verlassen mich dann, um sich eine andere Wohnstätte zu suchen.

Überall turnen und spielen die Affen in meinen Ästen, sie verstreuen Zweige und halb aufgefressene Früchte, schnattern in der Affensprache und bringen sich gegenseitig die Affengesten bei.

Vierzehn
Winternacht

Schweigen und Gedanken
Die sich um Nahes und Vergessenes ranken
In der stillen Winternacht
Erinnerungen, die versanken
Er war ganz in sich gefangen
Hat nur an seine Not gedacht.

Wenn die lange Winternacht das Feld bedeckt, auf das die Ziegen tagsüber mit ihren Hirten kommen, wenn der kalte Wind mir die Seufzer der atmenden Erde zuträgt, wenn eine Dunstwolke aus dem Feld aufsteigt und sich langsam ausbreitet, wenn der Dunst das verlassene Haus einhüllt und wenn meine Blätter vor Kälte schrumpfen, dann weiß ich, dass mir eine lange Nacht bevorsteht. Ich stehe an meinem Platz, und meine Füße spüren die Kühle ringsum.
Ich weiß, dass der alte Einsiedler nicht mehr kommen und kein Feuer mehr anzünden wird, um sich daran aufzuwärmen.
Ich weiß, dass ich den ältesten Menschen auf der Erde überlebt habe. Ich weiß, dass ich an den Winterabenden dieses Jahres ganz für mich sein werde, weil nicht einmal der alte Bettler mehr kommen wird, der sonst nach Sonnenuntergang in meinem Schutz seine Münzen zählte.
Wie alt war der Einsiedler, der mit niemandem sprach und doch so weise war? Ich konnte seine Weisheit spüren, als er meinen abgebrochenen Ast berührte und versuchte, meine Schmerzen zu lindern. Seine verständnisvolle Berührung war so liebevoll, dass ich danach große Erleichterung empfand. Er verbrachte den ganzen langen Winter unter meiner Krone.

Ich hatte seine Stimme nie gehört und wusste doch, dass ihr Klang so voll war wie der des Donners.

Wenn die Vorstellungskraft freie Bahn hat, kann man sich beliebig viel ausmalen, Mögliches und Unmögliches. Man kann sich vorstellen, dass der Einsiedler wie der Donner spricht, dass seine Stimme noch lange Zeit widerhallt, dass sie mit dem Wind reist, den Dunst durchdringt und das andere Ende der Erde erreicht.

Manchmal konnte ich mir die Stimme des Einsiedlers so vorstellen wie «seine» Stimme, die Stimme dessen, der mir mein Bewusstsein geschenkt hatte. Dann wurde mir klar, dass meine Spekulationen mich zu einem weiteren Geflecht aus Spekulationen führen, bis ich im Nirgendwo ankomme.

Und doch erhalte ich von ebendiesem Nirgendwo die Essenz des Fragens, und ich frage mich, wie alt er sein mochte. Ich glaube, er war so alt wie die Erde selbst, denn ich hörte, dass seine Atemzüge ähnlich klangen wie ihre.

An dieser Stelle bremse ich meine Gedanken, bevor sie in die jenseitigen Bereiche und ins Unmögliche fortjagen. Der Nebel deckt mich zu, um mich vor allen Realitäten zu schützen und in eine Nacht der Absurditäten einzuhüllen.

Fünfzehn
Der heilige Baum

Und einmal in jedem Jahr
Wenn der Himmel nach dem Regen klar
Verehren mich an meinem Ort
Die Frauen aus dem fernen Dorf.

Wenn die Regenzeit zu Ende geht und überall auf dem Feld, auf das die Ziegen mit ihren Hirten kommen, grünes Gras sprießt, wenn der Himmel das Gold des Sonnenscheins überall verbreitet, auch auf der Erde, wenn der Mann, der die Krähen füttert, vor Glück singt, wenn die fröhlichen Männer vor Freude lachen und wenn die kleinen Eichhörnchen Fangen spielen, einfach aus Spaß, dann weiß ich, dass bald wieder der Tag kommt, an dem ich verehrt werde.
Aus dem verschlafenen Dorf nähert sich eine Gruppe von Frauen. Ihr schwerer Metallschmuck und ihre Messinganhänger schlagen klimpernd und klirrend aneinander. Die Frauen kommen zu mir. Ich kann die Reifen an ihren Armen und ihren Knöcheln hören, ich kann die jüngeren Frauen kichern hören, ich kann hören, wie ihre Stimmen lauter und lauter werden, während sie sich nähern.
Junge Stimmen, ältere Stimmen und einige sehr alte Stimmen. Ich bereite mich vor. Obwohl ich nicht aktiv an dem Ritual teilnehme, bereite ich mich doch darauf vor. Ich weiß, dass man mich wegen meiner Art für heilig hält. Vielleicht bin ich der einzige heilige Baum in der Gegend. Warum sonst sollten die Frauen alle zu mir kommen?
Ich mache mich bereit, denn ich weiß, dass jede einzelne von ihnen eine Schnur um meinen Stamm binden und anschließend mich und die Erde um mich herum mit Wasser begießen wird. Ich weiß, dass die Frauen mir ihre Blumen als Gabe darbieten und dann um meinen Segen bitten werden.
Sie kommen eine nach der anderen zu mir und flüstern mir ihre Gebete zu. So erfuhr ich, dass die älteste Frau, die letztes Jahr ihren Sohn verlor und nun niemanden mehr hat, der sich um sie kümmert, den Segen des Todes von mir erbat. Ich gab ihr diesen Segen.

So erfuhr ich, dass die junge Frau, die mit ihrer kleinen Tochter kam, den Segen des Wohlstands für ihre Familie erbat. Ich gab ihr diesen Segen.

Und so erfuhr ich auch eines Tages, dass die eine Einzige, das Mädchen Frühling, sich verliebt hatte. Schon bald sollte sie das Dorf verlassen. Auch sie segnete ich. Und daher wusste ich, warum sie im nächsten Jahr und auch im Jahr darauf nicht mehr kam. Ich hatte sie für immer verloren.

Doch der Tag ist ein besonderer Tag für mich, und ich freue mich darauf.

Sechzehn
Trockene Blätter

Wie alt ich bin, kann Gott nur wissen
Denn meine Blätter hab ich Jahr um Jahr verloren
Seit Zeiten, die ich längst vergessen
Doch jedes Frühjahr werden sie mir neu geboren.

Jedes Jahr kommt eine Zeit, in der ich meine trockenen Blätter verliere. Wenn der Sommer beginnt, die Erde aufzuheizen, wenn der Wind von Osten bläst, wenn meine Blätter allmählich welken und dann ganz vertrocknen, wenn dann die Krähennester sichtbar werden und die Ziegenhirten mit Steinen und Zweigen nach den Nestern werfen, kann ich mich darauf vorbereiten, die neuen Blätter zu begrüßen.

Ein Ausatmen des Windes reicht, um die Hälfte meiner vertrockneten Blätter herunterzupusten. Es hat keinen Sinn, um den Verlust zu trauern. Wenn man das Offensichtliche wahrnimmt, wird man nicht mit Unerwartetem konfrontiert, denn man ist vorbereitet. Wenn man vorbereitet ist, nimmt man die Dinge als selbstverständlich hin. Man spürt ihre Intensität nicht. Gewinn und Verlust. Geburt und Tod. Ich habe das Jahr um Jahr miterlebt. Ich weiß, dass ich jedes Blatt ein Jahr lang wie ein Kindchen wiegen werde, denn das wird von mir erwartet.

Meine braunen Blätter verlieren ihre letzte Lebensessenz, und ich lasse sie los. Nachmittags kommt der Mann, der die Krähen füttert. Er sammelt die toten Blätter alle auf und zündet ein Feuer damit an. Mit jedem Atmen des Windes kann ich die Hitze des Feuers spüren. Meine kahlen Äste versuchen, sich aus dieser Hitze zurückzuziehen. Aber ein wenig Wärme dringt in mich ein und sucht mein Herz – vielleicht, um ganz in der Tiefe ein paar Tränentropfen zu trocknen, die sich dort versteckt haben.

Der Mann, der die Krähen füttert, kocht etwas, ich kann den Geruch wahrnehmen. Der Wind trägt den Rauch Gott weiß wohin!

Und dann kommen, von Gott weiß woher, weitere Krähen. Streunende Hunde kommen. Meine kahle Krone füllt sich mit Krächzen und noch mehr Krächzen.

Summend fächelt der Mann, der die Krähen füttert, dem Feuer Luft zu.

Siebzehn
Zigeuner

Könnt ich für meine einsamen Zeiten
Momente einfangen, alterslos
Dann würden die Erinnerungen ewig bleiben
Und die Freude meines Herzens wäre groß.

Ich wünschte, ich besäße die Fähigkeit, bestimmte Momente für immer und ewig einzufangen, sodass ich sie an meinem einsamen Standort immer wieder durchspielen könnte, nicht bloß als Erinnerungen, sondern so real wie den gegenwärtigen Augenblick.

Als das Feld hinter dem verlassenen Haus, auf das die Ziegen mit ihren Hirten kommen, ein Zigeunerlager beherbergte, als die Geräusche, die von diesem Lager herüberschallten, von Freude und Durcheinander erzählten, von Schwatzen und Streiten, von Trommelschlagen und unbekannten Liedern, von Neckereien und Kichern, als die Luft von Gerüchen nach alten Zelten, Schweiß, zahmen Hunden, schmutzigen Kindern, Neugeborenen und Kochfeuern unter freiem Himmel erfüllt war, da hatte ich das Gefühl, niemand könne glücklicher sein als diese frei geborenen Zigeuner.

Es war, als wären die Wintertage in jenem Jahr wärmer als üblich. Damals wünschte ich mir, ich könnte mich fortbewegen. Und meine Träume erfüllten mir diesen Wunsch. Ich konnte davon träumen, ein Zigeunerbaum zu sein, der hierhin und dorthin und überall hingeht.

Da ein Baum nicht jeden Tag umherwandert, konnte ich im Traum sehen, wie viele Menschen Angst vor mir bekamen und wegliefen. Ich konnte träumen, wie ich in irgendeiner

Stadt auf einem quirligen Markt herumspazierte und auf der Straße große Verwirrung hervorrief und dazu auch Panik, Furcht, Erstaunen, Erheiterung und Unglauben.

Ich konnte davon träumen, wie ich mit den Krähennestern in der Krone oder vielleicht mit der Affenfamilie fortwanderte. Ich konnte träumen und träumen, denn Träumen sind keine Grenzen gesetzt. Und ich konnte spüren, dass es auch für die Zigeuner keine Grenzen gab. Für sie war die Erde so grenzenlos wie für mich die Träume.

Doch der Winter wurde durch die Zeit begrenzt. Die Zigeuner verließen das Feld und nahmen ihre Gerüche mit, sie nahmen ihr Gelächter, ihr Trommelschlagen, ihre unbekannten Lieder, ihre Streitereien und auch ihre Freude wieder mit, die immer noch in der Ferne verklingt.

Aber im Traum bleiben mir die unvergänglichen Erinnerungen, denen die Zeit nichts anhaben kann, für alle meine einsamen Momente.

Achtzehn
Wenns und Vielleichts

An meinem Platz hier kann ich sein
Einfach sein mit meinen Gedanken.
Gedanken, die auf zukünftige Jedochs weisen
Und Gedanken, die zurückbleiben.

Wenn ich wache und wenn ich träume, enthält mein Bewusstsein ständig Gedanken. Sie bilden eine niemals endende Kette von Wünschen, Hoffnungen, Erinnerungen und Träumen.

Manche verschmelzen miteinander und schaffen ein neues Land des Dämmerlichtes, in dem sich die Wahrscheinlichkeiten aufhalten, die Wenns und die Vielleichts.
Wenn das Krähennest auf einem höheren Ast säße, dann könnten die Sonnenstrahlen es besser wärmen. Oder wenn der Mann, der die Krähen füttert, am Vormittag statt am Nachmittag käme, dann brauchten die Krähen ihre Nester nicht zu verlassen, um nach Nahrung zu suchen. Wenn alle Krähen der Welt in meinen Zweigen Nester bauen würden, was wäre das für ein Chaos. Wenn sie beschließen würden, ein gemeinsames Nest zu bauen und ein Krähendorf zu gründen, wäre das dann so ähnlich wie das Dorf, aus dem die fröhlichen Männer kommen?
Wenns und Danns führen zu Vielleichts.
Vielleicht wird es so sein oder vielleicht auch so. Vielleicht sieht die Sonne wie eine leuchtende, heiße, fliegende Krähe aus. Vielleicht fliegt sie abends in ihr Nest oder auf einen fernen Baum zurück. Vielleicht spendet der ferne Baum, auf dem die Sonne sich ausruht, niemals kühlen Schatten, und vielleicht geht daher auch nie jemand dorthin, um die Krähen zu füttern. Vielleicht ist der Baum zu heiß für ein Krähennest, und vielleicht kommen auch im Sommer niemals die Affen dorthin.

Und mit allen Wenns und Danns
Und den Vielleichts, man zählt sie kaum
Stehe ich hier mit meinem Bewusstsein
Der einzige Bewusstseinsbaum.

Zwischen Nirgendwo und Irgendwo – Gedichte

[Alle folgenden Gedichte sind in dem Dokumentarfilm enthalten, den die BBC (in der Reihe *Inside Stories*) über Tito und sein bisheriges Leben drehte.]

1
Männer und Frauen wundern sich über alles, was ich tue
Ärzte verwenden verschiedene Terminologien, um mich
  zu beschreiben
Ich staune bloß
Die Gedanken sind größer, als ich ausdrücken kann
Jede Bewegung, die ich mache, zeigt, wie gefangen ich
  mich fühle
Im kontinuierlichen Strom der Ereignisse
Die Wirkung einer Ursache wird zur Ursache einer wei-
  teren Wirkung
Und ich staune
Ich denke an die Male, wenn ich die Umgebung um mich
  herum
Mit Hilfe meiner Phantasie verändere
Ich kann an Orte wandern, die es nicht gibt
Und sie sind wie schöne Träume.
Aber es ist eine Welt voller Unwahrscheinlichkeiten
Die auf das Ungewisse zurast.

2

Vieles kann in einer Minute geschehen
Dies oder jenes
Etwas von diesem und etwas von jenem
Alles von diesem
Und nichts von jenem
Oder alles von jenem
Und nichts von diesem
Es hängt davon ab, was man für wichtig hält
Dies oder jenes.

3
Gestern Abend beobachtete ich eine Kuh
Und fragte mich, woher sie ihren Frieden bekam
Staunend sah ich ihre Gelassenheit angesichts der vorbeibrausenden Fahrzeuge
Mit ihrem Verhalten im Verkehr machte sie sich über die ganze Menschheit lustig
Aber ich wusste, dass ihr keine Gefahr drohte, denn sie ist heilig
Und ich wusste, dass kein gottesfürchtiger Mensch
Das Verbrechen begehen würde, ihr Schaden zuzufügen
Und ich wusste, das alles kümmerte sie nur wenig.
Bisher gibt es in Indien keinen Rinderwahnsinn
Mitten auf der Straße hatte sie sich niedergelassen
Wie eine Insel in einem Meer von Verkehr

4

*Wenn man versucht, Blau zu denken
Und schließlich doch Schwarz denkt
Ist man mit Sicherheit frustriert
Immer wieder passiert mir das
Und ich fühle mich dann ziemlich hilflos
Warum sonst sollte ich aufstehen und mich drehen
Das Drehen des Körpers
Bringt meinen Gedanken eine gewisse Harmonie
Sodass ich alle schwarzen Gedanken fortzentrifugieren kann.
Je schneller ich mich drehe
Desto schneller vertreibe ich das Schwarze
Wenn ich sicher bin, dass auch das letzte Fleckchen Schwarz
Aus mir herausgeflogen ist
Dann drehe ich mich zurück in die andere Richtung
Und ziehe die blauen Gedanken in mich hinein
Es kommt darauf an, wie viel Blau ich haben möchte
Wenn ich mehr Blau möchte, muss ich mich schneller drehen
Und für weniger Blau nicht so schnell
Es ist, als wäre ich ein Ventilator
Das Problem ist, wenn ich mit dem Drehen aufhöre
Löst mein Körper sich in Einzelteile auf
Und es ist so schwierig, ihn wieder zusammenzusetzen*

5
Vor langer, langer Zeit
Als nichts da war
Und es Gott mit sich allein langweilig wurde
Erschuf er alles
Dann wurde es ihm langweilig
Mit allem, was perfekt war
Und so nahm er sich vor, etwas Entstelltes zu schaffen
Also machte er ein paar wie mich
Die, wie man sagt, den Verstand verloren haben
Als ich auf dem Spielplatz auf der Schaukel saß
Flogen die Wörter der Lehrer in der Luft herum
Wie Seifenblasen rings um mich her
Ich spielte nicht mit ihnen, winkte sie nicht fort
Sondern ich versuchte, sie zu spüren, indem ich sie herein- und hinauswinkte
Als ich das Klassenzimmer verließ
Folgte mir der Schwanz der Wörter
Wörter aus Buchstaben
Die diszipliniert wie Ameisen
In einer Reihe krabbelten

6
Am Sonntag nahm sie mich mit
Dann wieder am Montag
Durch die Straßen und die Gassen
Kreuz und quer.
Ich freute mich an dem Lärm und den Farben
Gedränge auf dem Straßenmarkt und Hast
Und der Verkehr, der immer rast
Anmutig sitzt die heilige Kuh
Und schaut dem Treiben tröstend zu.

Tomaten, Zwiebeln, Blumen und Obst
Färben die Fußwege grün und rot
Alle Märkte zu jeder Zeit
Verbreiten jugendliche Fröhlichkeit
Und dort drüben ein Schneider alt
Er ist dünn, sein Rücken krumm
Vor den Augen Gläser dick
Uralt seine Brille.
Die Bettlerin am Straßenrand ist meine Freundin,
Auch sie fand ihren Platz
Im Schatten der Schneiderwerkstatt
Verbringt sie ihren Betteltag.

7
Der Bewusstseinsbaum

Vielleicht ist es Nacht
Vielleicht auch Tag
Ich kann nicht sicher sein
Weil ich die Hitze der Sonne noch nicht spüre
Ich bin der Bewusstseinsbaum
Ich erinnere mich ganz deutlich an seine Stimme
Als ich dieses Bewusstsein zum Geschenk erhielt:
Dir habe ich ein Bewusstsein gegeben
Als Einziger sollst du damit leben
Kein Baum wird dir jemals gleichen
Bewusstseinsbaum, so sollst du heißen.
Ich kann weder sehen noch sprechen
Aber ich habe Phantasie
Ich kann hoffen und ich kann erwarten
Bin fähig, Schmerzen zu spüren, aber kann nicht weinen
Also kann ich nur sein und darauf warten, dass der Schmerz nachlässt
Ich kann nichts anderes tun als warten
Meine Sorgen und Befürchtungen
Sind irgendwo tief in mir gefangen
Vielleicht in meinen Wurzeln
Vielleicht in meiner Rinde
Wenn er, der mir mein Bewusstsein geschenkt hat, das nächste Mal kommt
Werde ich ihn um die Gabe des Sehens bitten
Ich bezweifle, dass er wiederkommt
Und doch hoffe ich darauf
Vielleicht kommt er
Vielleicht auch nicht.

8

An einem Ort namens Irgendwo
Wohnte das Glück
Irgendwo war ein paradiesisches Land.
Aber eines Tages kam aus Nirgendwo
Der Kummer in das Land namens Irgendwo
Das Glück bat den Kummer
das Land Irgendwo wieder zu verlassen.
Der Kummer ging nach Nirgendwo zurück
Und nistete sich dort in den Herzen der Menschen ein
Die freundlich und mitfühlend sind
Denn sie verweigerten niemandem den Aufenthalt
Wenn du also den Schmerz verspürst
Den ein Mensch, der den Verstand verloren hat, mit sich herumträgt
Wenn dein Herz wehtut, weil du im Auge eines anderen eine Träne siehst
Wenn du bereit bist, diesen Menschen zu akzeptieren und ihm zu helfen
Dann kannst du sicher sein
Dass du in deinem Herzen dem Kummer Obdach gewährt hast.

9
Die National Autistic Society
Hatte mich eingeladen
Ärzte wollten meinen Zustand begutachten
Auf dem Flug mit der Air India
Was für einen Spaß hatte ich da
Und kein Erlebnis war diesem gleich
Dieser Reise in dem Flugzeug
Ich war sicher dass mein Aufenthalt
Ein spannender Urlaub werden würde.

10

Der Tower in London
Stark wie der Tod
Atmet die Echos der letzten Atemzüge
Derer, die das Gesetz bestrafte.
Ihren dunstigen Atem hab ich gesehen
Und dann war da Big Ben, Big Ben
Der uns die Zeit angibt
Und Churchill, Churchill, der da steht
In der Kühle
Mit dem Stock, um sein Gewicht zu stützen.
Schade, dass der Stock nicht brach
Träge Menschen, flinke Menschen
Menschen in ihr Tun vertieft
Nette Menschen, gute Menschen
Unter dem wolkenverhangenen Himmel.
Es gelang mir nicht, die Queen zu sehen
Doch ich sah ihren Palast mit der strengen Disziplin
Der seit Urzeiten schon so steht
Ich grüßte ihn aus dem roten Bus.

11
Nach Brighton fuhren wir mit dem Zug
Und unterwegs
Hatte ich das Glück, den Schnee zu sehen.
Schnee so weiß
Schnee so hell
Unterm Sonnenschein
Doch bald endete die Reise
Brighton war erreicht.
Das Meer war kalt
Mit einer kalten weißen Sonne
Doch meine Freude war so warm
Brighton Pier war ein erheiterndes Schauspiel
Die Farben und die Spielbuden
Zogen unsere Blicke auf sich
Und ließen den Schnee vergessen
Fish and Chips schmeckten lecker
Jeder Engländer ist stolz darauf
Doch die Zeit verrann
Gegen meinen Willen ging sie vorbei
Die Sonne sank im Westen
Wir kehrten mit erfüllteren Herzen zurück
Und bewahren die Erinnerungen, so gut es geht.